LUISA PICCARRETA
A Pequena Filha da Divina Vontade

A Virgem Maria
NO REINO DA DIVINA VONTADE

Presidente: Edward John Dougherty
Capa, arte e diagramação: Ednei Modesto
Revisão da tradução do inglês: Rafaela Ranucci Mendes
Revisão geral do conteúdo: Pe. Carlos Alberto Giacone

Essa tradução em português foi feita pela Associação do Senhor Jesus a partir da obra em inglês publicada pelo:
Centro para a Divina Vontade Luisa Piccarreta, Inc.
P.O. Box 415 – Jacksboro, TN 37757 – USA
centerdw@comcast.net

Nenhuma parte desta obra poderá ser reproduzida ou transmitida por qualquer forma e/ou quaisquer meios - eletrônico ou mecânico, incluindo fotocópia e gravação, ou arquivada em qualquer sistema ou banco de dados sem permissão escrita da Editora. Direitos reservados.

A Virgem Maria
NO REINO DA DIVINA VONTADE

2ª Edição - ASJ - 2021

ISBN N.º 978-65-991362-0-7

Caixa Postal 1000 - CEP 13012-970 - Campinas/SP
Fone/WhatsApp: (19) 3871-9620
www.asj.org.br - www.facebook.com/associacaodosenhorjesus
www.divinavontade.com

I
AVISO PRÉVIO

O manuscrito original deste escrito da serva de Deus Luisa Piccarreta está datado de 06 de maio de 1930.

Trata-se de 31 meditações para o mês de maio.

Tem também um apêndice que contempla outros episódios e mistérios da vida da Santíssima Virgem Maria.

Deste livro já se fizeram três edições, revistas e publicadas pelo padre Benedetto Calvi, último confessor de Luisa Piccarreta.

As três edições em língua italiana tinham os seguintes *Imprimatur*:

Primeira edição (1932), com o título
"A Virgem Maria no Reino da Divina Vontade"
-IMPRIMATUR da Cúria Episcopal de Montepulciano:
30 - III - 1932
+Giuseppe, Vescovo di Montepulciano

Segunda Edição (1933), com o título:
"A Rainha do Céu no Reino da Divina Vontade"
- "NIHIL OBSTAT QUOMINUS REIMPRIMATUR":
Taranto, 23 - IX - 1933
Delegato dell'Arcivescovo, Giuseppe Blandamura

Terceira edição (1937), com o mesmo título:
-"NIHIL OBSTAT QUOMINUS REIMPRIMATUR":
Taranto, Festa de Cristo Rei, 1937.
Mons. Francesco M. Della Cueva S. M., Delegatus dell'Arcivescovo
* Nesta edição é que se colocaram os apêndices

Depois, se elaborou uma quarta edição (1977)
com o *Imprimatur* da Cúria Episcopal de Trani,
assinado pelo arcebispo Dom Carmelo Cassati.

Desta edição italiana se publicou a obra em inglês
(EUA, 2015).

II
Títulos das meditações de
"A Virgem Maria no Reino da Divina Vontade"

Apelo maternal da Rainha do Céu..11

Oração à Rainha Celestial para cada dia do mês de maio............................ 13

Dia um:
A Rainha do Céu no Reino da Divina Vontade. O primeiro passo da Divina Vontade na Imaculada Conceição da Mãe Celestial..15

Dia dois:
O segundo passo da Divina Vontade na Rainha do Céu. O primeiro sorriso da Trindade Sacrossanta sobre a Sua Imaculada Conceição.............................**18**

Dia três:
O terceiro passo da Divina Vontade na Rainha do Céu. O sorriso de toda a criação pela concepção do bebê celestial..**21**

Dia quatro:
O quarto passo da Divina Vontade na Rainha do Céu: a prova...........................**24**

Dia cinco:
O quinto passo da Divina Vontade na Rainha do Céu. O triunfo da prova......**27**

Dia seis:
O sexto passo da Divina Vontade na Rainha do Céu. Depois do triunfo na prova, a posse...**30**

Dia sete:
A Rainha do Céu no Reino da Divina Vontade toma o Cetro de Comando. A Trindade Sacrossanta a constitui sua Secretária...............................**33**

Dia oito:
A Rainha do Céu no Reino da Divina Vontade recebe o mandato de seu Criador de colocar a salvo o destino do gênero humano..**37**

Dia nove:
A Rainha do Céu no Reino da Divina Vontade é constituída por Deus como celeste pacificadora e vínculo da paz entre o Criador e a criatura...............**40**

Dia dez:
A Rainha do Céu no Reino da Divina Vontade. Amanhecer que se levanta para afugentar a noite do humano querer: seu nascimento glorioso........................**43**

Dia onze:
A Rainha do Céu no Reino da Divina Vontade, nos primeiros anos de sua vida na terra, forma uma aurora esplêndida para fazer surgir nos corações o dia suspirado da luz e da graça..**46**

Dia doze:
A Rainha do Céu no Reino da Divina Vontade sai do berço, dá os primeiros passos, e com seus atos infantis chama Deus a descer sobre a terra e chama as criaturas para viver na Divina Vontade...**49**

Dia treze:
A Rainha do Céu no Reino da Divina Vontade vai ao Templo e dá exemplo de total triunfo no sacrifício...**53**

Dia catorze:
A Rainha do Céu no Reino da Divina Vontade chega ao Templo, seu Lar, e se torna modelo de almas consagradas ao Senhor...**56**

Dia quinze:
A Rainha do Céu no Reino da Divina Vontade continua o mesmo tema: a sua vida no Templo..**59**

Dia dezesseis:
A Rainha do Céu no Reino da Divina Vontade continua a sua vida no Templo e forma o Novo Dia para fazer despontar o resplandecente Sol do Verbo Divino sobre a terra..**62**

Dia dezessete:
A Rainha do Céu no Reino da Divina Vontade deixa o Templo. Esponsal com São José. Espelho divino ao qual invoca todos os chamados por Deus ao estado conjugal para se espelharem...**65**

Dia dezoito:
A Rainha do Céu no Reino da Divina Vontade na casa de Nazaré. Céu e terra estão para se dar o beijo da paz. A Hora Divina está próxima...................68

Dia dezenove:
A Rainha do Céu no Reino da Divina Vontade. As portas do Céu estão abertas. O Sol do Verbo Eterno torna-se sentinela e envia seu Anjo para anunciar à Virgem que chegou a Hora de Deus..72

Dia vinte:
A Rainha do Céu no Reino da Divina Vontade. A Virgem era o Céu circundado de estrelas. Neste Céu, o Sol do Fiat Divino ardia com seus raios refulgentes e preenchia Céu e terra. Jesus no ventre de sua Mãe............................76

Dia vinte e um:
A Rainha do Céu no Reino da Divina Vontade. Sol que nasce. Pleno meio dia: o Verbo Eterno em nosso meio..80

Dia vinte e dois:
A Rainha do Céu no Reino da Divina Vontade. O Pequeno Rei Jesus nasceu. Os Anjos O apontaram e chamaram os pastores para adorá-Lo. Céu e terra exultam, e o Sol do Verbo Eterno, seguindo o seu percurso, dissipa a noite do pecado e inicia o pleno dia da Graça. A vida em Belém........................84

Dia vinte e três:
A Rainha do Céu no Reino da Divina Vontade. Soa a primeira hora de dor. Uma estrela com voz muda chama os Magos para adorar Jesus. Um profeta é revelador das dores da Soberana Rainha...88

Dia vinte e quatro:
A Rainha do Céu no Reino da Divina Vontade. Um cruel tirano. O Pequeno Rei Jesus é levado por sua Mãe e São José a uma terra estrangeira, onde vão como pobres exilados. Retorno a Nazaré...92

Dia vinte e cinco:
A Rainha do Céu no Reino da Divina Vontade. Nazaré, símbolo e realidade do Reino do Fiat Divino. Vida escondida. A Depositária, fonte e canal perene dos bens de Jesus..95

Dia vinte e seis:
A Rainha do Céu no Reino da Divina Vontade. A hora da dor se aproxima. Separação dolorosa. Jesus em sua Vida pública e apostólica......**99**

Dia vinte e sete:
A Rainha do Céu no Reino da Divina Vontade. A hora da dor soa: a Paixão. A morte de Deus. O choro de toda a natureza......**103**

Dia vinte e oito:
A Rainha do Céu no Reino da Divina Vontade. A mansão dos mortos. A expectativa e vitória sobre a Morte. A Ressurreição......**107**

Dia vinte e nove:
A Rainha do Céu no Reino da Divina Vontade. A hora do triunfo. Aparições de Jesus. Os fugitivos se reúnem em torno da Virgem como Arca da salvação e perdão. Jesus parte para o Céu......**111**

Dia trinta:
A Rainha do Céu no Reino da Divina Vontade. Mestra dos Apóstolos, sede e centro da Igreja nascente, barca de refúgio. A descida do Espírito Santo....**114**

Dia trinta e um:
A Rainha do Céu no Reino da Divina Vontade. Passagem da terra ao Céu; entrada feliz. Céu e terra celebram a recém-chegada......**117**

Oferecimento da humana vontade à Rainha Celestial......**123**

Comentários do editor......**125**

APÊNDICE : Lição adicional nº 1
A Rainha do Céu no Reino da Divina Vontade. No ardor de seu amor, Maria, sentindo-se Mãe de Jesus, se encaminha em busca de corações para santificar. Ela visita Santa Isabel. A Santificação de São João Batista......**127**

Lição adicional nº 2
A Rainha do Céu no Reino da Divina Vontade. A primeira hora da dor soa. Heroísmo em submeter a Criança Divina ao corte cruel da Circuncisão....**131**

Lição adicional nº 3
A Rainha do Céu no Reino da Divina Vontade. Uma nova estrela com seu

doce cintilar chama os Magos para adorar Jesus. A Epifania......................**135**

Lição adicional nº 4
A Rainha do Céu no Reino da Divina Vontade. A Rainha do Céu deixa Belém. O Fiat Divino chama-a para o heroísmo do sacrifício de oferecer o Menino Jesus para a salvação do gênero humano. A Purificação...............**139**

Lição adicional nº 5
A Rainha do Céu no Reino da Divina Vontade. Visita ao Templo. Maria, modelo de oração. A perda de Jesus. Alegrias e sofrimentos......................**143**

Lição adicional nº 6
A Rainha do Céu no Reino da Divina Vontade sobre a terra. Rainha das famílias. Rainha dos milagres. Ligação nupcial entre o Fiat e a Criatura. As núpcias de Caná...**149**

III
Apelo maternal da Rainha do Céu

Minha querida filha, sinto a irresistível necessidade de descer do Céu para lhe fazer minhas visitas maternais. Se prometer dar-me o seu amor como uma verdadeira filha e assegurar-me ser fiel a mim, sempre estarei com você, em sua alma, para ser sua mestra, seu modelo, seu exemplo e a sua mais terna Mãe.

Venho do Céu convidá-la a entrar no Reino da sua Mãe, isto é, no Reino da Divina Vontade. Estou batendo à porta do seu coração porque quero que a abra. Percebe que é com minhas próprias mãos que lhe trago este livro como um presente? Ofereço-lhe, com o cuidado de uma Mãe, para que, em torno dele, ao lê-lo, aprenda a viver de Céu e não mais da terra.

Este livro é de ouro, minha filha. Ele formará sua fortuna espiritual e sua felicidade também na terra. Nele encontrará a fonte de todos os bens. Se estiver fraca, adquirirá força; se for tentada, conquistará a vitória; se cair no pecado, encontrará uma mão poderosa e compassiva que a levantará. Se estiver aflita, encontrará conforto; se estiver fria, terá o meio seguro de se aquecer; se ficar com fome, provará o alimento requintado da Divina Vontade; e com isso nada lhe faltará. Nunca estará sozinha, porque sua Mãe será sua doce companhia; e, com todos os cuidados maternos, cumprirei minha promessa de fazê-la feliz. Eu, que sou a Imperatriz Celestial, cuidarei de todas as suas necessidades, se você consentir em viver unida a mim.

Se conhecesse meus anseios, meus suspiros ardentes e até mesmo as lágrimas que derramo pelos meus filhos! Se soubesse como ardentemente desejo que ouça minhas lições, todas de Céu, e aprenda a viver de Vontade Divina!

Neste livro, você descobrirá maravilhas. Encontrará uma Mãe que a ama tanto a fim de sacrificar seu Filho Amado por você, para que possa viver a mesma Vida que Ela viveu sobre a terra.

Oh! não me faça triste; não me rejeite. Aceite este presente do Céu que lhe trago e aceite minhas visitas e minhas lições. Saiba que vou percorrer todo o mundo; eu irei a cada indivíduo, a todas as famílias, a todas as comunidades religiosas. Eu percorrerei todas as nações, todos os povos; e, se necessário, girarei por vários séculos até formar como Rainha o meu povo; e como Mãe, a meus filhos, que conhecerão e farão reinar em todos os lugares a Divina Vontade.

Eis explicado o propósito deste livro. Aqueles que o receberem com amor serão os primeiros filhos afortunados a pertencer ao Reino do Fiat Divino; e eu, com caracteres de ouro, escreverei seus nomes no meu Coração materno.

Vê, minha filha? Aquele mesmo Amor infinito de Deus que quis servir-se de mim na Redenção para a descida do Verbo Eterno sobre a terra, me chama mais uma vez à missão e confia-me o árduo dever, o sublime mandato de formar na terra os filhos do Reino da sua Divina Vontade. E eu, com todo o cuidado e a bondade de uma Mãe, faço a tarefa e lhe preparo o caminho que conduzirá a este feliz Reino.

Para esse propósito, eu lhe darei lições sublimes e celestiais; e, finalmente, vou ensinar-lhe orações novas e especiais nas quais o Céu, o sol, a criação, a minha própria Vida e a do meu Filho, bem como todos os atos dos santos, estarão incluídos, para que, em seu nome, eles implorem o Reino adorável do Querer Divino.

Essas orações são as mais potentes, porque comprometem a própria ação divina. Por meio delas, Deus se sentirá desarmado e conquistado por sua criatura. Com a força desse apoio, você irá acelerar o advento do seu Reino felicíssimo; e comigo, você obterá que a Divina Vontade se faça como no Céu assim na terra, de acordo com o desejo do Divino Mestre.

Coragem, minha filha; faça-me feliz e a abençoarei.

IV
Oração à Rainha Celestial para cada dia do mês de maio

Imaculada Rainha, minha Mãe Celestial, venho aos seus joelhos maternos, como sua querida filha, para me abandonar em seus braços e implorar-lhe, com meus suspiros mais ardentes - neste mês consagrado à Senhora – a maior graça de todas: que me admita a viver no Reino da Divina Vontade.

Santa Mãe, Rainha deste Reino, admita-me como sua filha a viver n'Ele, para que não seja mais deserto, mas habitado pelos seus filhos. Confio-me à Senhora, minha Soberana Rainha, para que guie os meus passos no Reino do Querer Divino; e, segura em sua mão materna, guiará todo o meu ser para que tenha vida perene na Divina Vontade. A Senhora será Mãe para mim; e como minha Mãe, lhe entrego a minha vontade, para que a Senhora a troque pela Divina Vontade. Desta forma, posso ter certeza de nunca sair do seu Reino. Portanto, imploro que me ilumine para me fazer compreender o que significa "Vontade de Deus".

Ave Maria...

Pequena flor do mês:

Pela manhã, ao meio dia e à noite, ou seja, três vezes ao dia, apoie-se nos joelhos da Mãe Celestial e diga-lhe: "Minha Mãe, eu a amo. A Senhora me ame e dê à minha alma uma porção da Vontade de Deus. Dê-me a sua bênção, para que eu possa fazer todas as minhas ações sob seu olhar materno."

DIA UM:

A Rainha do Céu no Reino da Divina Vontade. O primeiro passo da Divina Vontade na Imaculada Conceição da Mãe Celestial.

A alma à Imaculada Rainha:

Ó Doce Mãe, aqui estou, prostrada diante da Senhora. Hoje é o primeiro dia do mês de maio, que lhe é consagrado, em que todos os seus filhos querem oferecer-lhe pequenas flores como símbolos do seu amor pela Senhora e pedir-lhe que dê seu amor. Eu vejo a Senhora como a descer da pátria celestial, acompanhada de coros de Anjos, para receber as lindas rosas, as humildes violetas, os castos lírios dos seus filhos. E, em troca, a Senhora lhes dá sorrisos de amor, seus agradecimentos e bênçãos. Então, abraçando os presentes de seus filhos em seu Coração materno, leva-os ao Céu para reservá-los como penhor e coroas em favor deles no momento da morte.

Mãe Celestial, em meio a tantos, eu, que sou a menor, a mais carente de seus filhos, quero vir ao seu colo materno para trazer-lhe, não flores e rosas, mas um sol a cada dia. Mas a Mãe deve ajudar sua filha, me dando suas lições do Céu, ensinando-me a formar esses sóis divinos, para lhe dar a mais bela homenagem e o mais puro amor. Querida Mãe, a Senhora entendeu os desejos de sua filha. Quero que me ensine a viver de Vontade Divina; e, transformando meus atos e todo o meu ser na Divina Vontade de acordo com seus ensinamentos, todos os dias trarei ao seu colo maternal todos os meus atos transformados em sóis.

Lição da Rainha do Céu:

Filha bendita, suas orações atingiram meu Coração maternal, tirando-me do Céu; e já estou ao seu lado para lhe dar minhas lições, todas de Céu.

Olhe para mim, querida filha. Milhares de Anjos me cercam, e todos estão reverentemente na expectativa de me ouvir falar d'Esse Fiat Divino, do qual, mais do que tudo, eu possuo a fonte. Conheço seus admiráveis segredos, suas alegrias infinitas, sua felicidade indescritível e seu valor incalculável. Ouvir minha filha me chamar porque quer minhas lições sobre a Divina Vontade, é para mim a maior festa, a mais pura alegria. Se ouvir minhas lições, eu me considerarei afortunada de ser sua Mãe. Ah! como anseio por ter uma filha que quer viver toda de Vontade Divina! Diga-me, minha filha, vai me fazer contente? Colocará seu coração, sua vontade, todo seu ser nas minhas mãos maternas, para que eu possa prepará-la, dispô-la, fortalecê-la e esvaziá-la de tudo, de tal forma que possa preencher-se completamente da luz da Divina Vontade e possa formar em você sua Vida Divina? Então, descanse a cabeça sobre o Coração da sua Mãe Celestial e fique atenta e me escute, para que minhas sublimes lições possam fazê-la decidir nunca fazer sua própria vontade, mas sempre A de Deus.

Minha filha, ouça-me: é meu Coração maternal que a ama tanto e que quer se derramar sobre você. Saiba que a tenho aqui, escrita no meu Coração; e eu a amo como minha verdadeira filha. No entanto, sinto uma dor no meu Coração, porque não a vejo semelhante à sua Mãe. Mas você sabe o que nos faz diferentes? É a sua vontade que tira de você o frescor da graça, a beleza que enamora o seu Criador, a força que tudo vence e suporta, o amor que tudo consome. Em suma, não é A Vontade que anima sua Mãe Celestial.

Você deve saber que conheci minha vontade humana apenas para mantê-la sacrificada em obediência ao meu Criador. Minha vida era toda de Vontade Divina. Desde o primeiro instante da minha concepção, fui formada, animada e colocada em Sua luz, que, com Seu poder, purificou meu germe humano de uma maneira que fui concebida sem mancha original. Assim sendo, se minha Conceição foi sem mancha, e tão gloriosa, para a honra da Família Divina, foi porque o Onipotente Fiat se derramou sobre meu germe; e pura e santa fui concebida. Assim, se o Querer Divino não se tivesse derramado sobre meu germe, para impedir os efeitos do pecado original, mais que uma terna Mãe, eu teria encontrado a triste sorte de todas as demais criaturas, de ser concebida com o pecado original. Portanto, a causa primária da minha Imaculada Conceição foi, toda, a Divina Vontade. A Ela seja a honra, a glória e a ação de graças, de ter sido concebida sem a mancha original.

Agora, filha do meu Coração, ouça a sua Mãe: deixe de lado sua vontade humana; contente-se em morrer em vez de lhe conceder um ato de vida. Sua Mãe Celestial preferiria morrer milhares e milhares de vezes do que fazer um único ato da minha própria vontade. Então, não quer me imitar? Ah! se manter-se em sacrifício, em honra ao seu Criador, o Querer Divino fará Seu primeiro passo em sua alma; e se sentirá tomada com uma brisa celestial, purificada e aquecida de forma a sentir as primícias de suas paixões aniquiladas. Você se sentirá colocada nos primeiros passos do Reino da Divina Vontade. Portanto, esteja atenta. Se for fiel a mim e me escutar, eu a guiarei; eu a levarei pela mão nos modos intermináveis do Fiat Divino. Vou mantê-la defendida sob meu manto azul; e você será minha honra, minha glória e minha vitória.

A Alma:

Virgem Imaculada, leve-me aos seus joelhos maternos e seja uma Mãe para mim. Com suas mãos sagradas, tome posse da minha vontade; purifique-a, forme-a, aqueça-a com o toque de seus dedos maternos; ensine-me a viver unicamente de Vontade Divina.

Pequena flor:

Hoje, para me honrar, começando pela manhã e em todas as suas ações, colocará sua vontade em minhas mãos, dizendo-me: Minha Mãe, a Senhora mesma ofereça o sacrifício da minha vontade ao meu Criador.

Jaculatória:

Minha Mãe, prenda a Divina Vontade em minha alma, para que possa tomar Seu lugar privilegiado e nela forme Seu trono e Sua morada.

DIA DOIS:

O segundo passo da Divina Vontade na Rainha do Céu. O primeiro sorriso da Trindade Sacrossanta sobre a Sua Imaculada Conceição.

A alma:

Aqui estou novamente sobre seus joelhos maternos para ouvir suas lições. Mãe Celestial, essa sua pobre filha confia em sua Potência. Percebo quão pobre sou; mas também sei que a Senhora me ama como minha Mãe, e isso é suficiente para me lançar em seus braços, para que possa ter compaixão de mim. E, abrindo os ouvidos do meu coração, poderei ouvir a sua doce voz, dando-me suas lições tão sublimes. Santa Mãe, com o toque de seus dedos maternos, purificará meu coração para que inclua nele o orvalho celestial de seus ensinamentos celestes.

Lição da Rainha do Céu:

Minha filha, ouça-me: se soubesse o quanto a amo, confiaria mais em sua Mãe, e não deixaria fugir nenhuma das minhas palavras. Deve saber que não só lhe escrevi no meu Coração, mas dentro desse Coração tenho uma fibra materna que me faz amar mais que uma Mãe a minha filha. Portanto, quero que ouça sobre o grande prodígio que o Fiat Supremo operou em mim para que, ao me imitar, possa me dar a grande honra de ser minha filha rainha. Oh! como meu Coração, submerso em amor, anseia ter ao meu redor a nobre companhia de pequenas rainhas.

Então, ouça-me, minha querida filha: assim que o Fiat Divino se derramou sobre meu germe humano para impedir os efeitos dolorosos da culpa, a Divindade sorriu e alegrou-se muito ao ver no meu germe aquele germe humano tão puro e santo como surgira de suas Mãos Criadoras na criação do homem. E o Fiat Divino fez o segundo passo em mim, ao levar meu germe humano, por Ele purificado e santificado, diante da Divindade, para que se derramasse em torrentes sobre a minha pequenez no ato de ser concebida. E a Divindade, percebendo em mim sua obra criadora bela e pura, sorriu com complacência; e querendo-me festejar, o Pai celestial lançou sobre mim os mares de Potência; o Filho, mares de Sabedoria; o Espírito Santo, mares de Amor. Desta forma, fui concebida na infinita luz da Divina Vontade; e, no meio desses mares divinos, que minha pequenez não podia conter, formei as mais elevadas ondas, enviando-as de volta como reverência de amor e glória ao Pai, ao Filho e ao Espírito Santo.

A Divindade tinha os seus olhos em mim; e para não ser superada por mim no amor, sorrindo para mim e me acariciando, enviou-me outros mares que me embelezavam tanto que, à medida que minha minúscula humanidade se formava, eu adquiria a Virtude arrebatadora para extasiar meu Criador. E Ele se deixou verdadeiramente extasiar, tanto assim que entre mim e Deus havia uma festividade sem fim. Não negamos nada um ao outro. Mas, sabe quem me animou com essa força impetuosa? A Divina Vontade que, como Vida, reinava em mim. Portanto, a força do Ser Supremo era a minha; e, portanto, nós tínhamos a mesma força para encantar um ao outro.

Agora, minha filha, ouça a sua Mãe: saiba que a amo muito e quero ver sua alma cheia dos meus mesmos mares. Os meus mares estão transbordando e querem se derramar; mas, para fazê-lo, você deve esvaziar-se de sua própria vontade, de modo que o Querer Divino possa dar seu segundo passo em você. E, constituindo-se como princípio da vida em sua alma, atrairá a atenção do Pai Celestial, do Filho e do Espírito Santo para se derramar sobre você com Seus mares transbordantes. Mas, para fazê-lo, querem entregar à sua vontade humana seus mares de Potência, de Sabedoria, de Amor e Beleza indescritível.

Minha querida filha, ouça a sua Mãe: coloque sua mão em seu coração e me diga seus segredos. Quantas vezes foi infeliz, torturada, amargurada porque fez sua própria vontade? Saiba que colocou para fora uma Vontade Divina, e caiu no labirinto dos males. A Divina Vontade queria torná-la pura e santa, feliz e bela, com uma beleza encantadora; e você, ao fazer sua vontade, trava uma guerra contra Ela e com tristeza lança-A fora de sua amada morada, que é sua alma. Escute, filha do meu Coração: isso é uma dor para a sua Mãe, porque não vejo em você o Sol do Fiat Divino, mas, em vez disso, a densa escuridão da noite da sua vontade humana.

Mas, levante-se e coragem! Se me prometer colocar sua vontade nas minhas mãos, eu, sua Mãe Celestial, a levarei nos meus braços; vou colocá-la no meu colo e reordenar em você a vida da Divina Vontade. E você também, às minhas tantas lágrimas, formará o meu sorriso, a minha festa e também o sorriso e a festa da Trindade Sacrossanta.

A Alma:

Mãe Celestial, se a Senhora me ama tanto, eu lhe imploro: não me deixe descer de seus joelhos maternos. E, quando vir que estou para fazer minha vontade, fique atenta sobre minha pobre alma, me encerrando em seu Coração para que a força do seu amor queime o meu querer. Desta forma, vou transformar suas lágrimas em sorrisos de satisfação.

Pequena flor:

Hoje, para me honrar, virá aos meus joelhos três vezes, entregando-me seu querer e dizendo: minha Mãe, eu quero que essa minha vontade seja sua para que a troque pela Vontade Divina.

Jaculatória:

Soberana Rainha, com sua Autoridade divina, aterre a minha vontade para que o germe da Divina Vontade desponte em mim.

DIA TRÊS:

**O terceiro passo da Divina Vontade na Rainha do Céu.
O sorriso de toda a criação pela concepção do bebê celestial.**

A alma à Virgem Soberana:

Mãe, esta sua pequena filha, encantada por suas lições celestiais, sente a necessidade extrema de vir todos os dias sobre seus joelhos maternos para lhe escutar e depositar no coração os seus ensinamentos maternos. Seu amor, seu doce tom de voz, seu apertar-me em seu Coração entre seus braços, infunde-me coragem e confiança de que minha Mãe me dará a grande graça de me fazer entender o grande mal da minha vontade, para me fazer viver da Divina Vontade.

Lição da Rainha do Céu:

Minha filha, ouça-me: é o Coração de uma Mãe que fala com você; e, como vejo que quer me ouvir, meu Coração se alegra e tem esperança, certa de que minha filha tomará posse do Reino da Divina Vontade, que possuo no meu Coração maternal para dar aos meus filhos. Portanto, esteja atenta e me escute e escreva todas as minhas palavras no seu coração para que sempre possa refletir sobre elas e modelar sua vida de acordo com meus ensinamentos.

Ouça, minha filha: assim que a Divindade sorriu e festejou minha Conceição, o Fiat Supremo fez o terceiro passo na minha pequena humanidade. Desde pequenina, Ele me dotou de razão Divina, e movendo toda a criação para a festa, fez-me ser reconhecida por todas as coisas criadas como sua Rainha. Reconheceram em mim a Vida do Querer Divino. Todo o universo prostrou-se aos meus pés, mesmo que eu fosse pequenina e ainda não nascida. Homenageando-me, o sol me festejou e sorriu com a sua luz; o Céu me festejou com suas estrelas, sorrindo para mim com sua mansa e doce cintilação e se ofereceu como uma coroa resplandecente sobre minha cabeça. O mar me celebrou com suas ondas, que se elevavam e caíam tranquilamente. Em suma, não havia coisa criada que não se unisse ao sorriso e à festa da Trindade Sacrossanta. Todos aceitaram meu domínio, minha autoridade, meu comando e se sentiram honrados porque, depois de tantos séculos, desde que Adão perdeu o comando e o domínio como rei, afastando-se da Divina Vontade, encontraram em mim sua Rainha; e toda a criação me proclamou Rainha do Céu e da terra.

Minha querida filha, você deve saber que a Divina Vontade, quando reina na alma, não sabe fazer coisas pequenas, mas só grandes. Ela quer concentrar na criatura afortunada todas as suas prerrogativas divinas; e tudo o que saiu do Fiat Onipotente a rodeia e permanece obediente às suas ordens. O que o Fiat Divino não me deu? Deu-me tudo; Céu e terra estavam em meu poder; sentia-me dominadora de tudo e também do meu próprio Criador.

Agora, minha filha, ouça a sua Mãe: oh! como meu Coração chora ao vê-la fraca, pobre; nem tem o verdadeiro domínio de se autodominar. Medos, dúvidas, apreensões são os que a dominam; todas as misérias vêm da sua vontade humana. Mas sabe por quê? É porque não há em você a vida íntegra do Querer Divino, que afugentando todos os males da humana vontade, faça-a feliz e a preencha de todos os bens que Esse possui.

Ah! se você decidir, com um propósito firme, de não dar vida à sua vontade, sentirá todos os seus males morrerem e todos os bens reviverão em você. E então tudo lhe sorrirá; e o Querer Divino também fará seu terceiro passo em você. Toda a criação festejará a recém-chegada no Reino da Divina Vontade.

Então, minha filha, me diga, vai me ouvir? Você me dará sua palavra de que nunca, nunca mais fará sua vontade? Saiba que, se fizer isso, nunca vou deixá-la. Eu me colocarei como guardiã de sua alma. Eu a envolverei na minha luz para que ninguém se atreva a perturbar minha filha; e eu lhe darei minha autoridade para que impere sobre todos os males da sua vontade.

A Alma:

Mãe Celestial, suas lições descem em meu coração e me enchem de bálsamo celestial. Agradeço por se abaixar tanto até mim, pobrezinha. Mas ouça, ó minha Mãe: tenho medo de mim mesma; mas, se a Senhora quiser, tudo pode, e eu com a Senhora tudo posso. Abandono-me como um pequeno bebê nos braços da minha Mãe; e tenho certeza de que vou satisfazer seus anseios maternos.

Pequena flor:

Hoje, para me honrar, você olhará para o Céu, o sol, a terra; e, unindo-se a todos, por três vezes irá recitar o "Glória ao Pai", para agradecer a Deus por me ter constituído Rainha de todos.

Jaculatória:

Poderosa Rainha, governe sobre minha vontade para convertê-la em Vontade Divina.

DIA QUATRO:

O quarto passo da Divina Vontade na Rainha do Céu: a prova.

A alma à Virgem:

Aqui estou novamente sobre os joelhos maternos da minha querida Mãe Celestial. Meu coração bate forte, forte. Desvaneço com amor pelo desejo de ouvir suas belas lições. Portanto, dê-me sua mão e me leve em seus braços. Em seus braços passo momentos de paraíso; sinto-me feliz. Oh! como desejo ouvir sua voz! Uma nova vida penetra em meu coração. Portanto, fale comigo, e prometo colocar em prática seus ensinamentos sagrados.

Lição da Rainha do Céu:

Minha filha, se soubesse o quanto amo segurá-la firmemente em meus braços, diante do meu Coração maternal, para deixá-la ouvir os segredos celestiais do Fiat Divino! E, se você tanto suspira me escutar, serão meus suspiros que ecoarão em seu coração. É a Mãe que quer sua filha, que lhe quer confiar seus segredos e narrar-lhe a história do que a Divina Vontade operou em mim.

Filha do meu Coração, preste atenção em mim: é meu Coração de Mãe que quer se derramar para sua filha. Quero contar-lhe os meus segredos que, até agora, não revelei a ninguém, porque a hora de Deus ainda não havia soado. Deus quer oferecer graças surpreendentes às criaturas que, em toda a história do mundo, não concedeu a ninguém; quer dar a conhecer os prodígios do Fiat Divino e o que Ele pode fazer na criatura se se deixar dominar por Ele; portanto, quer colocar-me como modelo à vista de todos; eu, que tive a grande honra de formar toda a minha vida de Vontade Divina.

Agora saiba, minha filha, assim que fui concebida, coloquei a Divindade em festa. Céu e terra me receberam e eles me reconheceram como sua Rainha. Eu estava tão identificada com o meu Criador que me sentia como dona nos domínios divinos. Não conhecia o que era a separação do meu Criador, porque o mesmo Querer Divino que reinava em mim reinava Neles [as Pessoas Divinas] e nos tornava inseparáveis.

E enquanto tudo era sorriso e festa entre mim e Eles, vi que não poderiam confiar em mim se não tivessem uma prova. Minha filha, a prova é a bandeira que dá vitória. A prova amadurece e dispõe a alma para adquirir grandes conquistas. Eu também vi a necessidade dessa prova, porque queria atestar ao meu Criador, em retribuição dos tantos mares de graças que me havia dado, um ato de minha fidelidade que me custaria o sacrifício de toda a minha vida. Que belo é poder dizer: "Ele me amou e eu O amei!" Mas sem a prova nunca se poderia dizer isso.

Agora, minha filha, saiba que o Fiat Divino me fez conhecer a criação do homem, inocente e santo. Também para ele, tudo era felicidade. Ele dominava toda a criação, e todos os elementos eram obedientes às suas ordens. Como o Querer Divino reinava em Adão, em virtude d'Esse, ele também era inseparável de seu Criador. Por tantos bens que Deus lhe deu, para ter um ato de fidelidade em Adão, Deus ordenou que apenas não tocasse em um fruto dos tantos que estavam no Éden terrestre. Era a prova que Deus queria para confirmar sua inocência, santidade e felicidade e dar-lhe o direito de comando sobre toda a criação. Mas Adão não foi fiel na prova; e, não sendo fiel, Deus não podia confiar nele. Portanto, perdeu o comando, a inocência, a felicidade; e se pode dizer que virou a obra da Criação de cabeça para baixo.

Agora saiba, filha do meu Coração, que ao conhecer o grave mal da vontade humana em Adão e em toda a sua descendência, eu, sua Mãe Celestial, embora apenas concebida, chorei amargamente lágrimas copiosas sobre o homem decaído, e o Querer Divino, ao me ver chorando, pediu-me por prova que cedesse a Ele minha vontade humana. O Fiat Divino disse-me: "*Eu não lhe peço um fruto como a Adão, não, não, mas Eu lhe peço a sua vontade. Você a manterá como se não a tivesse, sob o domínio do meu Querer Divino, que lhe será Vida, e Se sentirá seguro de fazer o que lhe desejar*".

Assim, o Fiat Supremo fez o seu quarto passo na minha alma, pedindo-me a minha vontade como prova, esperando de mim o meu Fiat e a aceitação de tal prova.

Agora, amanhã esperarei novamente por você em meus joelhos

para que ouça o resultado da prova; uma vez que desejo que imite a sua Mãe, peço como Mãe que nunca recuse nada ao seu Deus, mesmo que sejam sacrifícios que durem toda a vida. Nunca se afaste da prova que Deus deseja de você, a sua fidelidade, que é o chamado dos desígnios divinos sobre você e o reflexo de Suas Virtudes, que como tantas pinceladas formam de sua alma a obra-prima do Ser Supremo. Pode-se dizer que a prova dá a matéria nas mãos divinas para realizar sua obra na criatura. E de quem não é fiel na prova, Deus não sabe o que fazer nela; e não só, pois coloca em desordem as mais belas obras de seu Criador.

Portanto, minha filha querida, fique atenta. Se você for fiel na prova, tornará sua Mãe mais feliz. Não me dê motivo para me preocupar; dê-me sua palavra e eu vou guiá-la. Eu vou apoiá-la em tudo como minha filha.

A Alma:

Santa Mãe, conheço a minha fraqueza, mas a sua bondade maternal infunde-me tanta confiança que tudo espero da Senhora. Com a Senhora eu me sinto segura; assim, coloco em suas mãos maternas as mesmas provas que Deus dispõe para mim, para que a Senhora me dê todas essas graças para impedir que eu destrua em pedaços os desígnios divinos.

Pequena flor:

Hoje, para me honrar, virá três vezes nos meus joelhos maternos e me trará todas as suas dores de alma e de corpo. Trará tudo para sua Mãe, e eu lhe abençoarei para infundir nelas a força, a luz e a graça necessárias.

Jaculatória:

Mãe Celestial, leve-me em seus braços e escreva no meu coração, "Fiat, Fiat, Fiat".

DIA CINCO:

O quinto passo da Divina Vontade na Rainha do Céu. O triunfo da prova.

A alma à Virgem:

Soberana Celeste, vejo que me estende seus braços para me levar sobre seus joelhos maternos; e corro, voo, para desfrutar os puros abraços, os sorrisos celestes da minha Mãe Celestial. Santa Mãe, sua aparência hoje é triunfante; e num ar de triunfo deseja me narrar o triunfo da sua prova. Ah!, sim, vou ouvi-la com boa vontade; e peço-lhe que me dê a graça de saber como triunfar nas provas que o Senhor dispõe para mim.

Lição da Rainha do Céu:

Minha filha querida, oh! como anseio confiar meus segredos à minha filha, segredos que me darão tanta glória e que glorificarão aquele Fiat Divino, que foi a causa primária da minha Imaculada Conceição, da minha santidade, soberania e maternidade. Eu devo tudo ao Fiat; não conheço outro. Todas as minhas sublimes prerrogativas com as quais a Igreja me honra não são senão os efeitos daquela Divina Vontade que me dominava, reinava e vivia em mim. Por isso, anseio tanto que se conheça quem é Esse que produzia em mim tantos privilégios e efeitos admiráveis de surpreender Céu e terra.

Agora, ouça-me, querida filha: como o Ser Supremo me pediu meu querer humano, entendi o grave mal que a vontade humana pode fazer na criatura e como ela põe tudo em perigo, até as mais belas obras de seu Criador. A criatura, com seu querer humano, é toda oscilante, fraca, inconstante, desordenada. E isto porque Deus, ao criá-la, criou-a como em essência unida com a sua Vontade Divina, de tal forma que Essa devia ser a força, o primeiro motor, o apoio, o alimento, a vida da humana vontade. Assim, ao não dar vida à Vontade Divina na nossa humana vontade, são rejeitados os bens recebidos de Deus na Criação bem como os direitos recebidos em essência no ato em que fomos criados.

Oh! como bem compreendi a ofensa grave que é feita a Deus e os males que se derramam sobre a criatura! Eu tive tanto horror e medo de fazer a minha vontade, que justamente temia, porque Adão também foi criado inocente por Deus; além disso, ao fazer sua vontade, em quantos males não mergulhou ele e todas as gerações?

Portanto, eu, sua Mãe, atingida pelo terror e mais pelo amor em relação ao meu Criador, jurei nunca fazer minha vontade; e para ser mais segura e melhor atestar meu sacrifício para Aquele que me deu tantos mares de graças e privilégios, tomei a minha vontade humana e amarrei-a aos pés do Trono Divino em contínua homenagem de amor e sacrifício, prometendo nunca me servir da minha vontade, mesmo por um único instante da minha vida, mas sempre da de Deus.

— Minha filha, talvez para você, não pareça grande o meu sacrifício, de viver sem a minha vontade. Digo-lhe que não existe um sacrifício semelhante ao meu; em vez disso, todos os outros sacrifícios de toda a história do mundo podem ser chamados de sombras. Comparado ao meu, sacrificar-se um dia, ora sim e ora não, é fácil; mas se sacrificar em cada instante, em cada ato, no próprio bem que alguém deseja fazer, por toda a vida, sem nunca dar vida à própria vontade, é o sacrifício dos sacrifícios e a maior prova que se pode oferecer e o amor mais puro, tirado da própria Vontade Divina, que pode oferecer-se ao nosso Criador. Este sacrifício é tão grande que Deus não pode pedir mais à criatura, nem a criatura pode encontrar qualquer forma de se sacrificar mais por seu Criador.

Agora, minha querida filha, como fiz a oferta da minha vontade ao meu Criador, eu me senti triunfante na prova pedida a mim; e Deus se sentiu triunfante na minha vontade humana. Deus esperava a minha prova, de que uma alma vivesse sem sua vontade, a fim de reparar as divisões do gênero humano e dispor-se à clemência e misericórdia.

Portanto, atenderei você novamente, para narrar-lhe a história do que a Divina Vontade fez depois do triunfo da prova.

E agora, uma palavrinha para você, minha filha: se soubesse como eu desejo vê-la viver sem sua vontade! Sabe que sou sua Mãe, e a Mãe quer ver sua filha feliz. Mas como pode ser feliz se não decidir viver sem sua vontade, como sua Mãe vivia? Se fizer isso, vou lhe dar tudo; eu me colocarei à sua disposição; serei toda da minha filha, desde que eu tenha o bem, o contentamento, a felicidade de ter uma filha que vive toda de Vontade Divina.

A Alma:

Soberana Triunfante, em suas mãos de Mãe, coloco minha vontade, de modo que, como minha Mãe, purifique-a e a embeleze; e, juntamente com a sua, amarre-a aos pés do Trono Divino, para que eu não viva com minha vontade, mas sempre, sempre com a de Deus.

Pequena flor:

Hoje, para me honrar, em cada ato que fizer, depositará sua vontade em minhas mãos maternas; e pedirá a mim que, no lugar da sua, eu possa fazer fluir a Divina Vontade.

Jaculatória:

Rainha Triunfante, tome a minha vontade e ceda-me a Vontade Divina.

DIA SEIS:

O sexto passo da Divina Vontade na Rainha do Céu. Depois do triunfo na prova, a posse.

A alma à Virgem:

Mãe Rainha, vejo que me espera novamente; e estende sua mão para mim, leva-me nos seus joelhos e aperta-me ao seu Coração para me deixar ouvir a Vida d'Esse Fiat Divino que a Senhora possui. Oh! quão refrescante é o seu calor! Quão penetrante é a sua luz! Ó Santa Mãe, se me ama tanto, mergulhe o pequeno átomo da minha alma nesse Sol da Divina Vontade que a Senhora esconde, para que eu também possa dizer: minha vontade está terminada; já não terá vida; minha vida será a Divina Vontade.

Lição da Rainha do Céu:

Querida filha, confie na sua Mãe e preste atenção às minhas lições; servirão para lhe fazer abominar a sua vontade e fazer suspirar em você aquele Fiat Divino, que tanto anseio de formar Sua Vida em você.

Minha filha, deve saber que a Divindade se assegurou de mim na prova que queria, enquanto todos acreditam que eu não tive nenhuma prova e que bastava a Deus fazer o grande prodígio que Ele fez de mim, para que eu fosse concebida sem o pecado original. Oh! como se enganam! Ao contrário, Deus pediu a mim uma prova que Ele não pediu a ninguém; e isso Ele fez com Justiça e com Suma Sabedoria, porque o Verbo Eterno, devendo descer em mim, não só era apropriado que Ele não encontrasse em mim a mancha do pecado original, mas também não era apropriado que Ele encontrasse em mim uma vontade humana operante. Teria sido muito impróprio que Deus descesse a uma criatura em que a vontade humana reinava. Portanto, é por isso que Ele queria de mim, e para toda a minha vida, a minha vontade, para assegurar em minha alma o Reino da

Divina Vontade. Garantido Essa em mim, Deus poderia fazer o que desejava de mim; Ele poderia me dar tudo; e posso dizer que nada poderia me negar.

Por enquanto, voltemos ao ponto em que estávamos. No decorrer dessas lições, pretendo narrar-lhe o que Essa Vontade Divina fez em mim.

Agora ouça, minha filha: depois do triunfo na prova, o Fiat Divino fez o sexto passo em minha alma, fazendo-me tomar posse de todas as propriedades divinas, por quanto seja possível e imaginável para uma criatura. Tudo era meu: Céu e terra, e o próprio Deus, do qual eu possuía a mesma Vontade Sua. Sentia-me possuidora da Santidade divina, do Amor, da Beleza, da Potência, da Sabedoria e da Bondade divina. Eu me sentia Rainha de todos; não me sentia como uma estranha na casa do meu Pai Celestial. Sentia ao vivo sua Paternidade e a suprema felicidade de ser sua filha fiel. Posso dizer que cresci sobre os joelhos paternos de Deus, não conheci nenhum outro amor nem nenhuma outra ciência, senão aquela que meu Criador me administrou. Quem pode dizer o que Essa Vontade Divina fez em mim? Elevou-me tão alto, me embelezou tanto que mesmo os Anjos permaneceram mudos, nem sabiam por onde começar a falar de mim.

Agora, minha filha querida, você deve saber que, como o Fiat Divino me fez tomar posse de tudo, sentia-me possuidora de tudo e de todos. A Divina Vontade, com sua Potência, Imensidão e Onisciência, colocou em minha alma todas as criaturas; e eu sentia um lugarzinho no meu Coração de Mãe para cada uma delas. Desde que fui concebida, levei você no meu Coração; e, oh! quanto eu a amei e a amo! Eu a amo tanto que me fiz de sua Mãe junto a Deus. Minhas orações, meus suspiros eram para você; e, no delírio de Mãe, eu disse: "*Oh! como quero ver a minha filha possuidora de tudo, como eu o sou!*"

Portanto, ouça a sua Mãe: não queira reconhecer mais sua vontade humana. Se fizer isso, tudo estará em comum entre mim e você. Terá uma força divina em seu poder; tudo se converterá em santidade, amor e beleza divina. E eu, no ímpeto do meu amor, assim como o Altíssimo me exaltou: "*Toda Bela, toda Santa, toda Pura és tu, ó Maria*", direi: "*Bela, pura e santa é a minha filha, porque possui a Vontade Divina.*"

A Alma:

Rainha do Céu, também a saúdo, "Toda bela, pura e santa é a minha Mãe Celestial". Peço-lhe, se há um lugar para mim no seu Coração materno, inclua-me dentro dele; assim estarei segura que não farei mais a minha vontade, mas sempre a de Deus; e seremos felizes, ambas, Mãe e filha.

Pequena flor:

Hoje, para me honrar, recitará três vezes três "Glória ao Pai..." em agradecimento à Trindade Sacrossanta pelo Reino da Divina Vontade que estabeleceu em mim, dando-me o domínio de tudo; e, fazendo suas as palavras do Ser Supremo, em cada "Glória..." você me dirá: "Toda bela, pura e santa é a minha Mãe".

Jaculatória:

Rainha do Céu, faça-me ser possuída de Vontade Divina.

DIA SETE:

A Rainha do Céu no Reino da Divina Vontade toma o Cetro de Comando. A Trindade Sacrossanta a constitui sua Secretária.

A alma à divina Secretária:

Mãe Rainha, aqui estou prostrada aos seus pés. Eu sinto que, como sua filha, não sei ficar sem minha Mãe Celestial. Embora vindo hoje até mim com a glória do Cetro de Comando e com a coroa da Rainha, é sempre a minha Mãe. Tremendo, eu me lanço em seus braços, para que me cure das feridas que minha vontade perversa fizera à minha pobre alma. Ouça, minha Soberana Mãe, se a Senhora não fizer um prodígio, se não tomar o Cetro de Comando para me guiar e governar todos os meus atos, para garantir que meu querer não tenha vida, ah! então não terei a bela sorte de entrar no Reino da Divina Vontade.

Lição da Rainha do Céu:

Minha querida filha, venha nos braços de sua Mãe e preste atenção ao me ouvir; e você perceberá os prodígios inéditos que o Fiat Divino realizou em sua Mãe Celestial.

Quando tomei posse do Reino da Divina Vontade, os seus passos findaram em mim. Esses seis passos simbolizavam os seis dias da Criação: em cada um desses dias, pronunciando um "Fiat", fez como um passo, ao passar da criação de uma coisa à outra; no sexto dia, fez o último passo dizendo: *"Fiat! Façamos o homem à nossa imagem e semelhança"*; e no sétimo repousou em Suas obras, querendo desfrutar de tudo que criou com tanta magnificência. E Deus, em seu repouso, olhando para as suas obras, disse: *"Quão belas são as nossas obras! Tudo é ordem e harmonia!"* E fixando seu olhar sobre o homem, com a veemência de seu Amor acrescentou: *"Mas o mais belo é você, você é a coroa de todas as nossas obras"*.

Agora, a minha criação superou todos os outros prodígios da Criação; e, portanto, a Divindade com o seu Fiat quis fazer seis passos em mim e começou Sua vida plena, completa e perfeita na minha alma. E, oh! em que alturas divinas fui colocada pelo Altíssimo! Os Céus não podiam me alcançar nem me conter. A luz do sol era pouca perto da minha luz. Nada criado poderia me alcançar. Atravessei os mares divinos como se fossem meus; e meu Pai celestial, o Filho e o Espírito Santo desejavam-me em seus braços para regozijar-se com sua pequena filha. Oh! que contentamento provavam ao sentir que, como os amava, orava e adorava a Alteza Suprema, o meu amor, minha oração e adoração saíam de dentro da minha alma, do centro da Divina Vontade, e sentiam ondas de amor divino sair de mim, perfumes puríssimos, alegrias incomuns que partiam de dentro do Céu, que o próprio Querer Divino havia formado na minha pequenez, tanto que não paravam de repetir: "*Toda bela, toda pura, toda santa é a nossa pequena filha. Suas palavras são cadeias que nos unem, seus olhares são dardos que nos ferem, suas palpitações são flechas que, nos alvejando, nos fazem entrar em delírio de amor!*" Sentiam sair de mim a Potência, a Fortaleza de sua Divina Vontade, que nos tornou inseparáveis; e me chamavam: "*Nossa filha invencível, que trará vitória mesmo sobre nosso Ser Divino*".

Agora, ouça-me, minha filha: a Divindade, tomada por um excesso de amor em relação a mim, disse-me: "*Nossa querida Filha, nosso Amor não resiste, sente-se sufocado se não lhe confiamos os nossos segredos, portanto a escolhemos como a nossa fiel Secretária; e lhe queremos confiar nossas dores e nossos decretos. A qualquer custo, queremos salvar o homem. Veja como vai ao precipício; sua vontade rebelde o empurra continuamente para o mal; sem a Vida, sem a Força, sem o apoio do nosso Querer Divino, ele se desviou do caminho de seu Criador, e se move rastejando na terra, fraco, doente e cheio de todos os vícios. Mas não há outros caminhos ou meios para salvá-lo, nem outras saídas, se o Verbo Eterno não descer para tomar a sua pobreza, as suas misérias, os seus pecados sobre Si mesmo, fraternizando-se com ele, conquistando-o por meio de amor e dores inéditas, para dar-lhe tanta confiança e trazê-lo de volta para os nossos braços paternos. Oh! como nos aflige a sorte do homem! Nossa dor é grande, pois* não *podíamos confiá-la a ninguém, porque não tendo uma Vontade Divina que o domine, nunca poderiam entender nossa dor ou os graves males do homem caído no pecado. Mas a quem possui o nosso Fiat, é dado de podê-lo compreender; e, portanto, como nossa Secretária, queremos desvendar-lhe os nossos segredos e colocar em suas mãos o Cetro de Comando para que domine e governe sobre tudo. Seu domínio conquistará Deus e o homem e os trará como filhos regenerados no seu Coração materno".*

Quem pode dizer, querida filha, o que meu Coração sentiu nesta fala divina? Uma veia de dor intensa se abriu em mim; e resolvi, mesmo ao custo da minha vida, ganhar Deus e a criatura e uni-los ao mesmo tempo.

Agora, minha filha, ouça a sua Mãe: eu a vi surpresa ao me ouvir narrar a história da minha posse do Reino da Divina Vontade. Agora, saiba que você também receberá esse destino. Se também decidir nunca fazer a sua vontade, o Querer Divino formará o seu Céu na sua alma; sentirá a inseparabilidade divina; receberá o cetro de comando sobre você mesma, sobre suas paixões. Você não será mais escrava de si mesma, porque a vontade humana sozinha coloca a pobre criatura em escravidão, amarra as asas de amor em relação Àquele que a criou, lhe tira a força, o apoio e a confiança para se jogar nos braços do Pai Celestial, de modo que, não pode conhecer nem os seus segredos nem o grande amor com que a ama, e portanto, vive como um estranho na casa de seu Pai Divino. Que distância o querer humano lança entre o Criador e a criatura!

Portanto, escute-me, faça-me feliz; diga-me que não dará mais vida à sua vontade e eu a preencherei toda de Vontade Divina.

A Alma:

Santa Mãe, ajude-me. Não vê como sou fraca? Suas belas lições me comovem até às lágrimas; e choro a minha grande desgraça de ter tantas vezes caído no labirinto de fazer minha vontade e afastar-me da vontade de meu Criador. Oh! trate-me como Mãe; não me deixe por mim mesma. Com sua potência una o Querer Divino ao meu; guarde-me no seu Coração materno, onde eu terei a certeza de nunca mais fazer a minha vontade.

Pequena flor:

Hoje, para me honrar, ficará sob meu manto para aprender a viver sob meus olhos; e, recitando-me três "Ave-Marias", você me pedirá que eu faça conhecer a todos a Divina Vontade.

Jaculatória:

Mãe Celestial, feche-me em seu Coração para que eu aprenda com a Senhora a viver de Vontade Divina.

DIA OITO:

A Rainha do Céu no Reino da Divina Vontade recebe o mandato de seu Criador de colocar a salvo o destino do gênero humano.

A alma à Mandatária Divina:

Aqui estou, Mãe Celestial. Sinto que não sei ficar sem minha querida Mãe; meu pobre coração está irrequieto; e então me sinto em paz quando estou no seu colo como uma pequena, pequenina, apertada em seu Coração para ouvir suas lições. Sua doce pronúncia me acalma de toda a minha amargura e docilmente prende a minha vontade, colocando-a como escabelo sob a Divina Vontade; o que me faz sentir seu doce domínio, sua vida, sua felicidade.

Lição da Rainha do Céu:

Minha querida filha, saiba que a amo muito; confie em sua Mãe e tenha certeza de que obterá vitória sobre sua vontade. Se me for fiel, tomarei todo cuidado de você; portanto, ouça o que fiz por você diante do Altíssimo.

Não fiz outra coisa senão me colocar nos joelhos de meu Pai Celestial. Eu era pequenina, ainda não nascida; mas o Querer Divino, de quem eu possuía a Vida, me deu acesso livre ao meu Criador. Para mim, todas as portas e os caminhos estavam abertos; não tinha receio nem medo d'Ele. Só a vontade humana causa medo, receio, desconfiança e distancia a pobre criatura d'Aquele que a ama tanto e que quer ser cercado por seus filhos. Assim, se a criatura está assustada e temerosa e não sabe estar com seu Criador, como uma filha com seu Pai, é um sinal de que a Divina Vontade não reina nela e, assim, a criatura experimenta as torturas, o martírio da vontade humana. Portanto, nunca faça a sua vontade; não queira torturar-se e martirizar-se a si mesma, que é o mais horrível dos martírios, sem apoio e sem força.

Então, escute-me: elevei-me aos braços da Divindade; mais

ainda, esperavam-me e se alegraram ao me ver. Amavam-me e tanto que, ao meu apresentar, derramaram outros mares de amor e santidade na minha alma. Não me lembro de tê-Los deixado, sem que me acrescentassem outros dons surpreendentes.

E assim, enquanto estava em seus braços, rezei pelo gênero humano; e muitas vezes, com lágrimas e suspiros, chorei por você, minha filha, e por todos. Eu chorei por sua vontade rebelde, por seu triste destino de se tornar escrava dela, o que a fazia infeliz. Por ver minha filha infeliz, as lágrimas brotaram em mim, até banhar as mãos de meu Pai Celestial com o meu choro. A Divindade, comovida pelos meus choros, continuou a me dizer: *"Nossa querida filha, seu amor nos liga, suas lágrimas atenuam o fogo da Justiça Divina, suas orações nos atraem para as criaturas, que não sabemos resistir; portanto, damos-lhe o mandato de colocar a salvo o destino do gênero humano. Será a Nossa Mandatária no meio deles. Confiamos-lhe suas almas. Defenderá os nossos direitos lesados por suas culpas. Estará no meio, entre eles e Nós, para ajustar as separações que existem entre as partes. Sentimos em sua vida a força invencível de nossa Vontade Divina, que reza e chora. Quem lhe pode resistir? Suas orações são comandos, suas lágrimas governam o nosso Ser Divino: portanto, siga em sua missão!"*

Agora, minha querida filha, o meu pequeno Coração se sentia consumido de amor, perante os modos amorosos do discurso divino; e, com total amor, aceitei seu mandato, dizendo: *"Altíssima Majestade, aqui estou em seus braços, disponha de mim como quer. Ofereço até minha vida pelo que deseja, e mesmo que eu tivesse tantas vidas por tantas criaturas que existem, eu as colocaria à sua disposição para trazer todos a salvo nos seus braços paternos."*

E sem saber, então, que seria a Mãe do Verbo Divino, sentia em mim a dupla maternidade: maternidade por Deus, por defender seus justos direitos, e maternidade pelas criaturas para colocá-las a salvo. Eu me sentia Mãe de todos. O Querer Divino que reinava em mim, que não sabe fazer obras isoladas, trouxe para mim Deus e todas as criaturas de todos os séculos. No meu Coração maternal, sentia meu Deus ofendido, e que queria estar satisfeito; e sentia as criaturas sob o domínio da Justiça Divina. Oh! quantas lágrimas fluíram! Eu queria que minhas lágrimas caíssem em cada coração para que todos sentissem minha maternidade de amor. Eu chorei por você e por todos, minha filha. Portanto, escute-me; tenha compaixão das minhas lágrimas; tome minhas lágrimas para suprimir suas paixões e para garantir que sua vontade perca vida. Aceite meu mandato de sempre fazer a Vontade de seu Criador.

A Alma:

Mãe Celestial, meu pobre coração não resiste ao ouvir quanto me ama. Ah! me ama demais, a ponto de chorar por mim! Sinto suas lágrimas descerem no meu coração; e, como tantos dardos, ferem-me e me fazem entender o quanto me ama. Quero unir minhas lágrimas às suas e pedir, chorando, que nunca me deixe sozinha; que me vigie em tudo; e, se necessário, corrige-me. Trate-me como Mãe; e, como sua pequena filha, eu a seguirei em tudo, para que seu mandato seja o meu tesouro; e possa me levar aos braços de nosso Pai Celestial como um ato completo do seu mandato divino.

Pequena flor:

Hoje, para me honrar, você me dará sua vontade, suas dores, suas lágrimas, suas ansiedades, suas dúvidas e medos, colocando-os em minhas mãos maternas, de modo que, como sua Mãe, eu possa depositá-los no meu Coração materno, como sinais da minha filha; e lhe darei o precioso penhor da Divina Vontade.

Jaculatória:

Mãe Celestial, que suas lágrimas fluam em minha alma, para que possam curar as feridas que minha vontade fez em mim.

DIA NOVE:

A Rainha do Céu no Reino da Divina Vontade é constituída por Deus como celeste pacificadora e vínculo da paz entre o Criador e a criatura.

A alma à Rainha Celestial:

Soberana Senhora e Querida Mãe, vejo que me chama, pois sinto o ardor do amor que queima em seu Coração, que quer me narrar o que fez no Reino da Divina Vontade por sua filha. Que belo é ver seus passos se voltarem para o seu Criador; e, como as Pessoas Divinas ouvem seus passos, olham para a Senhora e sentem-se atingidos pela pureza do seu olhar, e Eles esperam-na para serem espectadores do seu inocente sorriso, para sorrir-lhe e brincar com a Senhora. Ó Santa Mãe, nas suas alegrias, nos seus castos sorrisos com o seu Criador, não se esqueça de sua filha que vive no exílio, que tanto tem necessidades e cuja vontade, muitas vezes à espreita, querendo me vencer, quer me tirar do Reino da Divina Vontade.

Lição da Rainha do Céu:

Filha do meu Coração materno, não tema; nunca a esquecerei; de fato, se você sempre fizer a Vontade Divina e viver no Seu Reino, seremos inseparáveis; e sempre vou segurá-la firmemente pela minha mão para guiá-la e serei sua guia, para ensiná-la a viver no Fiat Supremo. Nele tudo é paz e segurança; portanto, tire seu medo.

A vontade humana é a perturbadora das almas e põe em perigo as mais belas obras, as coisas mais santas. Nela tudo está em perigo: em perigo estão a santidade, as virtudes e a própria salvação da alma, e a característica de quem vive do querer humano é a volubilidade. Quem poderia confiar em alguém que se deixa dominar pela vontade humana? Ninguém, nem Deus, nem os homens. É semelhante aos caniços ocos que giram em cada sopro de vento. Portanto, minha filha querida, se qualquer sopro de vento quiser torná-la inconstante, mergulhe no mar da Divina Vontade e venha se esconder no colo de sua Mãe, para que ela possa defendê-la do vento do humano querer e, segurando-a entre os meus braços, mantenha-a firme e segura no caminho do Reino Divino.

Agora, minha filha, siga-me diante da Suprema Majestade e ouça-me. Eu, com meus rápidos voos, chegava nos seus braços divinos; e, sentia o seu Amor transbordante que, como ondas impetuosas, me cobriam de seu Amor. Oh! como é belo ser amada por Deus! Neste Amor é sentida a felicidade, a santidade, as alegrias infinitas; e a criatura sente-se tão embelezada, que o próprio Deus se sente arrebatado pela beleza especial que Ele infunde na criatura ao amá-la.

Eu queria imitá-Los; e, embora pequenina, não queria ficar por detrás do amor dEles. Portanto, das ondas de amor que me deram, eu formei minhas ondas, para cobrir meu Criador com meu amor. Ao fazer isso, eu sorria, porque sabia que meu amor nunca poderia cobrir a Imensidão de Seu Amor. Mas, com tudo isso, eu fazia a prova; e em meus lábios despontava meu sorriso inocente. O Ser Supremo sorria ao meu sorriso e festejava e se alegrava com a minha pequenez.

Agora, no mais belo de nossas estratégias de amor, recordava do triste estado da minha família humana na terra e que eu também era de sua estirpe. E, ah! como me doía, e eu pedia que descesse o Verbo Eterno com o remédio. Cheguei a mudar o sorriso e a festa em choro. O Altíssimo se comoveu tanto com as minhas lágrimas, muito mais que eram as lágrimas de uma pequenina, que, apertando-me ao colo divino, secaram minhas lágrimas e disseram:

"Filha, não chore, coragem. Em suas mãos, colocamos o destino do gênero humano. Nós lhe damos o mandato, e agora, para mais consolá-la, fazemos-lhe portadora da paz, pacificadora entre nós e a família humana. Assim, lhe é dado de repacificar-nos. O poder de nosso Querer, que reina em sua alma, se impõe sobre Nós para dar o beijo de paz à pobre humanidade, decadente e ameaçada".

Quem pode dizer, minha filha, o que meu Coração experimentou nesta condescendência Divina? Tanto foi meu amor que eu me sentia desmaiar; e, delirante, buscava mais amor para alívio do meu amor.

Agora, uma palavra para você, minha filha: se me ouvir, deixando de lado sua vontade humana, dando o lugar régio ao Fiat Divino, você também será amada com o amor especial do seu Criador. Será o seu sorriso; você O colocará em festa; e será um vínculo de paz entre Deus e o mundo.

A Alma:

Bela Mãe, ajude sua filha. Coloque-me no mar da Divina Vontade. Cubra-me com as ondas do Amor Eterno, para que eu não veja nem ouça a não ser Vontade Divina e Amor.

Pequena flor:

Hoje, para me honrar, me pedirá todos os meus atos para colocá-los em seu coração, a fim de que possa sentir a força da Divina Vontade que reinava em mim; e os oferecerá ao Altíssimo para agradecê-Lo por todos os ofícios que me confiou para salvar as criaturas.

Jaculatória:

Rainha da Paz, dê-me o beijo de paz da Divina Vontade.

DIA DEZ:

A Rainha do Céu no Reino da Divina Vontade. Amanhecer que se levanta para afugentar a noite do humano querer: seu nascimento glorioso.

A alma à Rainha do Céu:

Aqui estou, ó Santa Mãe, ao lado de seu berço, para ser espectadora de seu nascimento portentoso. Os Céus ficam atônitos; o sol a fixa com a sua luz; a terra exulta com alegria e se sente honrada de ser habitada por sua Rainhazinha recém-nascida; e os Anjos disputam para cercar seu berço a fim de honrá-la e estar prontos para responder a cada um de seus acenos. Então, todos a honram e querem comemorar seu nascimento. Eu também me uno a todos e me prostro diante de seu berço, no qual vejo a sua mãe, Ana, e seu pai, Joaquim. Quero lhe dizer minha primeira palavra; quero confiar-lhe os meus segredos; quero esvaziar o meu Coração no seu e dizer-lhe: *"Minha Mãe, que é o alvorecer do Fiat Divino sobre a terra, oh! põe em retirada a noite sombria da vontade humana na minha alma e em todo o mundo! Ah! sim, que seu nascimento seja nossa esperança, que, como novo amanhecer da graça, pode nos regenerar no Reino da Divina Vontade!"*

Lição da Rainha recém-nascida:

Filha do meu Coração, meu nascimento foi prodigioso. Nenhum outro nascimento pode ser dito semelhante ao meu. Anexei em mim o Céu, o Sol da Divina Vontade, e também a terra da minha humanidade, a terra abençoada e santa que continha a mais bela floração. Embora fosse apenas recém-nascida, continha o prodígio dos maiores prodígios: o Querer Divino reinante em mim, que colocava dentro de mim um Céu mais belo, um sol mais refulgente que toda a criação da qual eu também era Rainha. Também dentro de mim havia um mar de graças sem limites que murmurava sempre:

amor, amor para com o meu Criador. Portanto, meu nascimento foi o verdadeiro amanhecer que pôs em fuga a noite do humano querer; e, crescendo, formava a aurora e chamava o dia mais esplêndido para fazer surgir o Sol do Verbo Eterno sobre a terra.

Minha filha, venha ao meu berço e ouça sua pequena Mãe. Assim que nasci, abri meus olhos para ver este mundo, para ir em busca de todos os meus filhos, para colocá-los em meu Coração, dar-lhes meu amor materno e regenerá-los para a nova vida de amor e de graça, a fim de dar-lhes passagem para entrar no Reino do Fiat Divino, do qual eu era possuidora. Eu queria fazer como Rainha e Mãe, encerrando todos em meu Coração, para colocar todos em segurança e dar-lhes o grande dom do Reino Divino. Em meu Coração, mantive um lugar para todos, porque para quem possui a Divina Vontade não há estreitezas, mas larguezas infinitas. Portanto, também assisti você, minha filha; ninguém me escapou. E desde que todos naquele dia celebraram meu nascimento, também para mim foi uma festa; mas, ao abrir meus olhos para a luz, tive a dor de ver as criaturas na densa noite do humano querer.

Ah! em que abismo de escuridão se encontra a criatura, que se deixa dominar pela sua vontade! É noite verdadeira, mas noite sem estrelas; no máximo, há alguns relâmpagos de luz, relâmpagos que são facilmente seguidos pelo trovão, que, ressoando, engrossam ainda mais a densa escuridão e descarregam a tempestade sobre a pobre criatura: tempestade de medo, de fraquezas, de perigos, de quedas no mal.

Meu pequeno Coração ficou paralisado ao ver meus filhos sob a horrível tempestade em que a noite do humano querer os esmagou.

Agora, ouça a sua Mãezinha: ainda estou no berço, eu sou pequena; olhe minhas lágrimas que fluem para você! Cada vez que faz a sua vontade, é uma noite que se forma para você; e, se soubesse quanto mal esta noite faz, você choraria comigo. Isso faz perder a luz do dia do Querer Santo; vira-a de cabeça para baixo; paralisa-a no bem; destrói o verdadeiro amor; e você se torna como um pobre doente que não tem o necessário para se curar. Ah! querida filha, ouça-me: nunca faça a sua vontade; dê-me sua palavra para contentar sua Mãezinha.

A Alma:

Santa Mãezinha, sinto-me tremendo ao ouvir sobre a noite horrível da minha vontade. Portanto, aqui estou perto do seu berço para lhe pedir a graça, que por seu prodigioso nascimento, me deixe renascer na Vontade Divina. Eu sempre estarei perto da Senhora, pequeno bebê celestial; unirei minhas orações e minhas lágrimas às suas, implorando por mim e por todos o Reino da Divina Vontade sobre a terra.

Pequena flor:

Hoje, para me honrar, você me visitará três vezes no berço, dizendo-me cada vez: "Celestial Mãezinha, faça-me renascer com a Senhora na vida da Divina Vontade".

Jaculatória:

Minha Mãezinha, faça surgir a aurora da Vontade Divina na minha alma.

DIA ONZE:

A Rainha do Céu no Reino da Divina Vontade, nos primeiros anos de sua vida na terra, forma uma aurora esplêndida para fazer surgir nos corações o dia suspirado da luz e da graça.

A alma à menina Rainhazinha:

Aqui estou novamente ao lado do seu berço, Mãezinha Celestial. Meu pequeno coração está fascinado por sua beleza; e não sei como remover meu olhar de uma beleza tão rara. Que doce é o seu olhar! Os gestos de suas mãozinhas me chamam para abraçá-la e apertar-me ao seu Coração, ardente de amor. Santa Mãezinha, dê-me as suas chamas para queimar a minha vontade. Desta forma, eu a posso contentar, vivendo junto da Senhora na Divina Vontade.

Lição da Rainha do Céu:

Minha filha, se soubesse como meu pequeno Coração maternal se alegra em vê-la ao lado do meu berço para me ouvir!

Eu me sinto com os fatos Rainha e Mãe porque, tendo você por perto, não sou uma Mãe estéril, nem uma Rainha sem povo; mas tenho a minha querida filha que me ama tanto e que me quer cumprindo o ofício de Mãe e Rainha. Portanto, você é portadora de alegria para sua Mãe; muito mais se vem ao meu colo, para ser ensinada por mim, a viver no Reino da Divina Vontade. Ter uma filha que quer viver junto comigo neste Reino tão santo é para sua Mãe a glória, uma honra, a maior festa. Então, preste atenção em mim, minha querida filha, e continuarei narrando as maravilhas do meu nascimento.

Meu berço estava cercado por Anjos, que competiam para cantar canções de ninar para mim, como sua soberana Rainha. Uma vez que fui dotada de razão e ciência infusa em mim pelo meu Criador, fiz meu dever de adorar com minha inteligência, e também com meu balbuciar infantil, a Santíssima e adorável Trindade. E tanto foi o ardor de meu amor em direção à Majestade tão santa que, sentindo-me enfraquecida, fiquei delirante, querendo me encontrar nos braços da Divindade para receber Seus abraços e dar-Lhes o meu. E assim, os Anjos – sendo meus desejos ordens para eles – me levaram; e, levando-me em suas asas, conduziram-me nos braços amorosos do meu Pai Celestial. Oh! com quanto amor as Pessoas Divinas me esperavam! Eu vim do exílio; e as pequenas pausas de separações entre mim e Eles foram causa de novas chamas de amor; Eles preparavam os dons para me dar. Encontrei novos meios para pedir piedade e misericórdia para os meus filhos, que, vivendo no exílio, estavam sob o flagelo da justiça divina; e, dissolvendo-me inteiramente em amor, dizia-Lhes: "*Trindade adorável, sinto-me feliz, sinto-me Rainha, nem conheço o que seria infelicidade e escravidão! Ao contrário, por seu Querer que reina em mim, tenho tantas alegrias, felicidade, que, como sou pequena, não posso abraçá-las todas. Mas com tanta felicidade, há uma veia de intensa amargura dentro do meu pequeno Coração: sinto meus filhos infelizes, escravos de suas vontades rebeldes. Piedade, Pai Santo, piedade! Faça minha felicidade completa; faça felizes estes filhos infelizes que carrego, mais que Mãe, em meu Coração materno; faça o Verbo Eterno descer sobre a terra e tudo estará de acordo! E não descerei dos seus joelhos paternos sem me dar o rescrito da Graça de uma maneira que eu possa trazer aos meus filhos as boas novas de Sua Redenção.*"

A Divindade se comoveu por minhas orações; e, me culminando com novos dons, as Pessoas Divinas me disseram: "*Retorne ao exílio e continue suas orações. Estenda o Reino da Nossa Vontade em todos os seus atos e, a seu tempo, a contentaremos.*" Mas não me disseram quando ou onde desceria.

E então, eu parti do Céu apenas para cumprir a Divina Vontade. Este era para mim o sacrifício mais heroico; mas eu o fiz de bom grado, de modo que Essa tivesse um domínio total sobre mim.

Agora, ouça-me, minha filha: quanto sua alma me custou, até amargurar-me o imenso mar das minhas alegrias e felicidades! Cada vez que você faz a sua vontade, se torna uma escrava, e sente sua infelicidade. E eu, sua Mãe, sinto no meu Coração a infelicidade da minha filha. Oh! como é doloroso ter filhos infelizes e como você deve levar no coração o fazer a Divina Vontade, vendo que eu cheguei até a deixar o Céu para que minha vontade não tivesse vida em mim.

Minha filha, continue me ouvindo. O primeiro dever em todos os seus atos é adorar seu Criador, conhecê-Lo e amá-Lo. Isso a coloca na ordem da Criação, e você reconhece Aquele que a criou. Este é o dever mais sagrado de toda criatura: reconhecer sua origem.

Você deve saber que meu ir ao Céu, descer, orar, formava a aurora ao meu redor, que, expandindo-se em todo o mundo, cercava os corações dos meus filhos para que à madrugada seguisse o amanhecer, para fazer brilhar o dia sereno da aparição do Verbo Divino sobre a terra.

A Alma:

Mãezinha Celestial, ao vê-la, apenas recém-nascida, dar-me lições tão santas, estou encantada e entendo o quanto me ama, a ponto de se tornar infeliz por minha causa. Santa Mãe, que me ama tanto, faça que a Potência, o amor, as alegrias que a inundam, desçam em meu coração. Assim, preenchida, minha vontade não encontre lugar para viver em mim e, livremente ceda seu lugar ao domínio da Divina Vontade.

Pequena flor:

Hoje, para me honrar, fará três atos de adoração ao seu Criador, recitando três "Glória ao Pai" para agradecê-Lo por quantas vezes tive a graça de ser admitida na Sua presença.

Jaculatória:

Mãe Celestial, faça surgir a aurora da Divina Vontade na minha alma.

DIA DOZE:

A Rainha do Céu no Reino da Divina Vontade sai do berço, dá os primeiros passos, e com seus atos infantis chama Deus a descer sobre a terra e chama as criaturas para viver na Divina Vontade.

A alma à pequena Rainha Celestial:

Aqui estou novamente ao seu lado, minha Querida Menininha, na casa de Nazaré: quero ser espectadora da sua idade infantil. Quero dar-lhe a minha mão enquanto dá os primeiros passos e fala com a sua santa mãe Ana e com o seu pai Joaquim. Pequenina, depois de ter sido desmamada, enquanto se move, ajuda a santa Ana nas pequenas tarefas. Minha Mãezinha, quão querida e quão especial é para mim! Dê-me as suas lições para que a possa seguir na sua infância e aprender como viver, mesmo nas menores das ações humanas, no Reino da Divina Vontade.

Lição da pequena Rainha do Céu:

Minha querida filha, meu único desejo é mantê-la perto de mim. Sem você, sinto-me sozinha; e não tenho a quem confiar meus segredos. Portanto, são meus cuidados maternos que procuram, ao redor de mim, a minha filha, que tenho em meu Coração, para lhe dar minhas lições e, assim, fazê-la compreender como se vive no Reino da Divina Vontade.

Neste Reino, o querer humano não entra. Permanece algemado e em ato de sofrer contínuas mortes diante da luz, da santidade e da Potência da Vontade Divina. Mas você acredita que o querer humano está afligido porque o Querer Divino o faz morrer continuamente? Ah! não, não; porque, sobre sua vontade morrente renasce e surge a Vontade Divina, vitoriosa e triunfante sobre a sua, e Essa traz alegria e felicidade sem fim. Basta compreender, querida filha, o que significa se deixar dominar por Essa e prová-lo para fazer que a criatura deteste a sua vontade, tanto que se despedaçaria em vez de sair da Vontade Divina!

Agora, escute-me, afastei-me do Céu só para fazer a Vontade do Eterno, embora eu tivesse meu Céu dentro de mim, que era a Divina Vontade, e eu era inseparável do meu Criador. Agradava-me estar na pátria celeste. E ainda mais, com a Divina Vontade em mim, sentia os direitos de Filha, de estar com Eles, cuidada como uma criança em seus braços Paternos, e de participar de todas as alegrias e felicidade, riqueza e santidade que as Pessoas Divinas possuíam, tanto quanto eu podia participar, preenchendo-me a não poder conter mais. O Ser Supremo se alegrava em me ver, que eu, sem medo, antes com o maior amor, me enchia de seus bens; nem me maravilhava de que me deixassem levar o que queria. Eu era filha! Uma só era a Vontade que nos animava; e o que Eles queriam, eu queria. E então sentia que todo o patrimônio do meu Pai Celestial era meu. A única diferença é que eu era pequena e não conseguia abraçar nem tirar todos os seus bens. Enquanto os tomava, restavam tantos que eu não tinha capacidade de onde colocá-los, porque era sempre criatura. A Divindade, por outro lado, é grande, imensa, e em um único ato abraça tudo.

E assim, apesar disso, Eles me fizeram entender que eu deveria me privar de suas alegrias celestiais e dos abraços puros que trocamos, e logo partir do Céu para ficar com meus queridos pais.

Meus pais me amaram muito; eu era toda amável, agradável de contemplar, alegre, pacífica e cheia de graça infantil, de modo a receber seus carinhos. Estavam atentos sobre mim; era o tesouro deles. Quando me levavam nos braços, sentiam coisas incomuns e uma vida divina palpitando em mim.

Agora, filha do meu Coração, você deve saber que, ao iniciar minha vida aqui na terra, a Divina Vontade estendia Seu Reino sob todos os meus atos; de modo que minhas orações, minhas palavras, meus passos, a comida, o sono, as pequenas tarefas nas quais ajudava minha Mãe, eram todas animadas pela Divina Vontade. E como eu levava você no meu Coração, chamei-a como minha filha, em todos os meus atos. Liguei seus atos aos meus, para que, também em seus atos, até nos indiferentes, se estendesse o Reino do Querer Divino.

Perceba o quanto eu a amei. Se eu rezava, colocava suas orações nas minhas, de modo que elas fossem valorizadas por um só valor e Potência, que eram o valor e a Potência de uma Vontade Divina. Se eu falava, chamava a sua palavra; se eu caminhava, chamava os seus passos; e se fazia as pequenas ações humanas indispensáveis à natureza humana, como pegar água, varrer, ajudar a levar a madeira à minha mãe para acender o fogo e tantas coisas semelhantes, eu chamava esses mesmos atos seus para que fossem valorizados de uma Vontade Divina e nos meus e nos seus atos se estendesse o seu Reino. E enquanto a chamava em cada um de meus atos, chamava o Verbo Divino para descer sobre a terra. Ah! quanto a amei, minha filha! Eu queria que seus atos fossem nos meus, para lhe fazer feliz e deixá-la reinar junto comigo. E, quantas vezes eu chamei por você e seus atos; mas, para minha maior tristeza, os meus permaneceram isolados, e os seus os vi perdidos na sua vontade humana, que – horrível dizer – formavam um reino que não era divino, mas humano: o reino das paixões e o reino do pecado, da infelicidade e do infortúnio. Sua Mãe chorou sobre seu infortúnio e todo ato de vontade humana que você fez, sabendo onde o reino da infelicidade lhe levaria. Minhas lágrimas ainda fluem para fazer você entender o grande mal que faz.

Portanto, ouça a sua Mãe: se fizer a Divina Vontade, como por direito, você receberá alegrias, felicidade; tudo será em comum com o seu Criador. Fraquezas, misérias, serão banidas; e, então, você será a mais querida das minhas filhas. Eu vou mantê-la no meu próprio Reino para deixá-la viver sempre de Vontade Divina.

A Alma:

Santa Mãe, quem pode resistir em vê-la chorar e não ouvir suas lições sagradas? Eu, com todo o meu coração prometo, juro, de nunca, nunca mais fazer a minha vontade. E a Senhora, Divina Mãe, não me deixe nunca só, para que o domínio da sua presença possa esmagar a minha vontade, fazendo-me reinar para sempre na Vontade de Deus.

Pequena flor:

Hoje, para me honrar, você me dará todos os seus atos, para me fazer companhia nos meus anos infantis, fazendo-me três atos de amor em memória dos três anos que eu vivi com minha mãe, santa Ana.

Jaculatória:

Poderosa Rainha, envolva meu coração para encerrá-lo na Vontade de Deus.

DIA TREZE:

A Rainha do Céu no Reino da Divina Vontade vai ao Templo e dá exemplo de total triunfo no sacrifício.

A alma à Rainha triunfante:

Mãe Celestial, hoje venho prostrar-me diante da Senhora para pedir-lhe sua força invencível em todas as minhas dificuldades; e a Senhora sabe quão cheio é o meu coração, até mesmo para me sentir afogada em dores. Oh! se me ama tanto como uma Mãe, pegue meu coração em suas mãos e derrame o amor, a graça, a força para triunfar nas minhas dores e convertê-las todas em Vontade Divina.

Lição da Rainha triunfante:

Minha filha, coragem, não tenha medo. Sua Mãe é toda por você; e hoje a espero para que meu heroísmo e meu triunfo no sacrifício possam lhe infundir força e coragem. Desta forma, posso ver a minha filha triunfante em suas aflições e o heroísmo de suportá-las com amor para cumprir a Divina Vontade.

Agora, minha filha, ouça-me: eu tinha apenas três anos e meus pais me disseram que queriam me consagrar ao Senhor no Templo. Meu Coração se alegrou ao saber que seria consagrada e passaria meus anos na Casa de Deus. Mas, sob minha alegria, havia uma dor, pela separação das pessoas mais queridas que poderia ter na terra, quais eram meus queridos pais. Eu era pequena, precisava dos seus cuidados paternos. Fui privada da presença de dois grandes santos; e então enxerguei que na medida em que o dia da separação de mim se aproximava, eles sentiram tanta amargura quanto se fossem morrer. Mas, enquanto sofreram, estavam dispostos a fazer o ato heroico de me conduzir ao Senhor.

Os meus pais me amavam em direção a Deus e me consideravam como um grande dom dado a eles pelo Senhor; e isso lhes deu força para completar o doloroso sacrifício.

Portanto, minha filha, se você quiser ter uma força invencível para suportar as dores mais severas, deixe que todas as suas coisas sejam ordenadas a Deus, e considere-as como dons preciosos do Senhor.

Agora, você deve saber que eu, com coragem, me preparava para minha ida ao Templo, porque ao entregar minha vontade ao Ser Divino, e o Fiat Supremo tomar posse de todo o meu ser, adquiri todas as virtudes naturais; era governadora de mim mesma. Todas as virtudes estavam em mim como tantas nobres princesas; e, de acordo com as circunstâncias da minha vida, prontamente se expuseram para realizar o seu ofício sem qualquer resistência. Se eu não tivesse a virtude de fazer-me Rainha sobre mim mesma, teria sido chamada assim em vão. Portanto, mantive a caridade perfeita sob meu domínio, uma paciência invencível, uma doçura entusiasmada, uma profunda humildade e todo o depósito das outras virtudes. A Divina Vontade fez a pequena terra da minha humanidade afortunada, sempre florida e sem os espinhos dos vícios.

Veja, portanto, querida filha, o que significa viver de Vontade Divina? A sua Luz, a sua Santidade e Potência convertem em natureza todas as virtudes; Essa não se inclina para reinar em uma alma onde existe uma natureza rebelde, não, não. Essa é Santidade e quer a natureza ordenada e santa onde deve reinar.

Portanto, com o sacrifício de ir ao Templo, fiz conquistas; e sobre o sacrifício, formaram-se em mim os triunfos de uma Vontade Divina. Esses triunfos me trouxeram novos mares de graça, de santidade e de luz, até me fazendo feliz nas minhas dores, para poder conquistar novos triunfos.

Agora, minha filha, coloque sua mão sobre seu coração e diga à sua Mãe: você sente sua natureza transformada em virtude? Ou sente os espinhos da impaciência, as ervas daninhas da agitação, o mau humor das afeições profanas? Ouça, deixe que sua Mãe cuide: dê-me a sua vontade nas minhas mãos, decidida a não querê-la mais, e eu farei que seja possuída pela Divina Vontade, que irá banir tudo de você, e o que não fez em tantos anos, fará em um dia, o qual será o princípio da verdadeira vida, da felicidade e da santidade.

A Alma:

Santa Mãe, ajude sua filha. Faça uma visita à minha alma e tudo o que encontrar, que não é Vontade de Deus, destrua de mim com suas mãos sagradas. Queime os espinhos e as ervas daninhas, e a Senhora mesma chame a Divina Vontade para reinar na minha alma.

Pequena flor:

Hoje, para me honrar, você me chamará três vezes para visitar sua alma, e me dará a liberdade de fazer o que eu quiser com você.

Jaculatória:

Soberana Rainha, pegue minha alma em suas mãos e transforme-a inteiramente em Vontade de Deus.

DIA CATORZE:

A Rainha do Céu no Reino da Divina Vontade chega ao Templo, seu Lar, e se torna modelo de almas consagradas ao Senhor.

A alma à Rainha Celestial, Modelo das almas:

Mãe Celestial, eu, sua pobre filha, sinto a necessidade irresistível de estar com a Senhora, seguir seus passos, ver suas ações para copiá-las, modelar-me por elas e mantê-la como guia da minha vida. Sinto tanto a necessidade de ser guiada, porque sozinha não sei fazer nada; mas com minha Mãe que me ama tanto, saberei fazer também a Divina Vontade.

Lição da Rainha Celestial, Modelo das almas:

Minha querida filha, é o meu ardente desejo fazer-lhe espectadora das minhas ações, para que fique apaixonada e imite sua Mãe. Então, coloque sua mão na minha; eu me sinto feliz por ter minha filha junto comigo. Portanto, preste atenção e ouça-me.

Saí da casa de Nazaré acompanhada pelos meus santos pais. Ao sair, quis dar uma última olhada naquela casinha onde nasci para agradecer ao meu Criador por me ter dado um lugar para nascer e deixá-la na Divina Vontade. Desta forma, minha infância e tantas lembranças preciosas – que sendo eu plena de razão tudo compreendia – fosse tudo guardado na Divina Vontade e depositadas nEssa como penhor do meu amor em relação Àquele que me criou.

Minha filha, agradecer ao Senhor e depositar nossos atos em suas mãos como sinal de nosso amor, são novos canais de graças e comunicações que se abrem entre Deus e a alma e a mais bela homenagem que se pode dar Àquele que nos ama tanto. Portanto, aprenda comigo a agradecer ao Senhor por tudo o que Ele dispõe; e, em tudo o que está a fazer, diga: *"Obrigada, Senhor, coloco tudo em suas mãos"*.

Agora, enquanto deixava tudo no Fiat Divino, que já reinava em mim, e não me deixava por um instante da minha vida, eu O carregava como um triunfo na minha pequena alma; e oh! os prodígios do Querer Divino! Com sua Virtude de conservação manteve a ordem em todos os meus atos, pequenos e grandes, como em ação dentro de mim, como em Seu e meu triunfo; de modo que nunca perdi a lembrança de um só dos meus atos. Isso me deu tanta glória e honra que me sentia Rainha porque cada um dos meus atos feitos na Divina Vontade eram mais que Sol; e estava adornada de luz, de felicidade e de alegria. Essa me trouxe seu paraíso.

Minha filha, o viver de Vontade Divina deveria ser o desejo, o anseio e a paixão de todos, tanta é a beleza que se adquire e o bem que se sente. Todo o contrário é vontade humana, que tem o poder de amargar a pobre criatura, oprimi-la e formar sua noite. Ela caminha tateando, sempre cambaleando no bem e muitas vezes perde a memória do pouco bem que tem feito.

Ora, minha filha, eu saí da casa de meus pais com coragem e desapego, porque olhava apenas para o Querer Divino, no qual tinha o meu Coração fixo; e, para mim, isso foi suficiente para tudo. Mas enquanto estava a caminho do Templo, olhava para toda a criação; e, oh! maravilha, sentia a palpitação da Divina Vontade no sol, no vento, nas estrelas, no Céu; e até A sentia palpitante sob meus passos. O Fiat Divino, que reinava em mim, comandava toda a criação, que, como um véu, escondia-O, e todos se curvavam e me davam as honras de Rainha; e tudo se curvava, dando-me sinais de sujeição. Mesmo a pequena flor do campo não se poupou em me dar uma singela homenagem. Coloquei tudo em festa; e quando era necessário sair da habitação, a criação me dava sinais de honra; e eu era obrigada a ordenar que permanecessem em seu lugar e seguissem a ordem do nosso Criador.

Agora, ouça a sua Mãe. Diga-me: você sente em seu coração a alegria, a paz, o desapego de tudo e de todos, e a coragem de fazer tudo para cumprir a Divina Vontade, de modo a se sentir numa festa contínua? Minha filha, paz, desapego, coragem, formam o vazio na alma, onde a Divina Vontade pode tomar seu lugar. E Essa, sendo intangível para cada dor, traz uma festa perene na criatura. Portanto, coragem, minha filha. Diga-me que quer viver de Vontade Divina, e sua Mãe pensará em tudo.

Agora, amanhã estarei esperando para lhe dizer o modo de se comportar no Templo.

A Alma:

Minha Mãe, suas lições me encantam e descem ao fundo do meu coração. A Senhora que tanto deseja que sua filha viva de Vontade Divina, com seu governo me esvazie de tudo, infunda em mim a coragem necessária para dar morte à minha vontade; e eu, confiando na Senhora, lhe direi: "*eu quero viver de Vontade Divina*".

Pequena flor:

Hoje, para me honrar, você me dará todos os seus atos como sinal de amor por mim, dizendo-me cada vez: "Eu a amo, Mamãe!"; e eu os depositarei na Divina Vontade.

Jaculatória:

Mãe Celestial, esvazie-me de tudo, para esconder-me na Vontade de Deus.

DIA QUINZE:

A Rainha do Céu no Reino da Divina Vontade continua o mesmo tema: a sua vida no Templo.

A alma à Rainha do Céu:

Mãe Rainha, aqui estou como sua filha ao seu lado para seguir seus passos no Templo. Oh! como eu gostaria que minha Mãe tomasse minha pequena alma e a incluísse no vivo Templo da Vontade de Deus para me isolar de todos, exceto de meu Jesus e da sua doce companhia.

Lição da Rainha do Céu:

Minha querida filha, quão doce é o seu sussurro ao meu ouvido, ao ouvir que quer que a inclua no vivo Templo da Divina Vontade e que não quer outra companhia senão a minha e a de Jesus. Ah! querida filha, você faz surgir em meu Coração materno as alegrias de uma verdadeira Mãe; e se me deixar fazer o que você diz, tenho certeza que minha filha será feliz. As minhas alegrias serão suas, e ter uma filha feliz é a maior felicidade e glória de um Coração materno.

Agora, ouça-me, minha filha: cheguei ao Templo apenas para viver de Vontade Divina. Meus santos pais me enviaram aos superiores do Templo, consagrando-me ao Senhor. E, ao fazerem isso, vestiram-me com roupas de festa, cantavam hinos e profecias sobre o futuro messias. Oh! como se alegrava meu Coração! Depois, corajosamente, despedi-me de meus queridos e santos pais, beijei a mão direita deles e agradeci pelo cuidado que tiveram durante minha infância e pelo amor e sacrifício com que me consagraram ao Senhor. Minha presença pacífica, corajosa e sem chorar, infundiu neles tanta coragem que eles tinham a força para me deixar e separar-se de mim. A Divina Vontade imperava sobre mim e estendia Seu Reino em todos estes meus atos. Ó Potência do Fiat, só Ela podia me dar o heroísmo, que, embora eu fosse tão pequena, tive a força para me separar daqueles que me amavam tanto e dos quais vi seus corações despedaçados ao se separarem de mim.

Agora, minha filha, ouça-me: enclausurei-me no Templo; e o Senhor o quis para fazer estender os meus atos, que eu devia fazer aí, no Reino da Divina Vontade, para fazer-me preparar o terreno com os meus atos humanos, e o Céu que devia ser formado sobre este terreno da Divina Vontade, por todas as almas consagradas ao Senhor. Eu era muito atenta aos deveres feitos nesse lugar sagrado. Eu era pacífica com todos, nem dei nunca amarguras ou problemas para qualquer um. Submetia-me aos mais humildes serviços. Não encontrava dificuldade em nada, nem em varrer ou lavar a louça. Qualquer sacrifício para mim era uma honra, um triunfo.

Mas você quer saber por quê? Não olhava para nada; para mim, tudo era Vontade de Deus. Assim, o sino que me chamava era o Fiat. Ouvia o som misterioso do Querer Divino que me chamava no som do sino, e meu Coração maravilhado se apressava para ir onde o Fiat me chamava. Minha regra era a Divina Vontade, e eu via meus superiores como administradores de um Querer tão santo; portanto, para mim, o sino, a regra, os superiores, minhas ações, também as mais humildes, eram alegrias e festas que o Fiat Divino tinha preparado para mim. Este Fiat Divino se espalhava para fora de mim e me chamava para estender Sua Vontade, para formar o Seu Reino, nos menores dos meus atos. E eu fazia assim como o mar, que esconde tudo o que possui e não deixa ver senão água. Assim fazia eu, escondia tudo no imenso mar do Fiat Divino e não via outros, senão os mares de Vontade Divina; e, portanto, todas as coisas me traziam alegrias e festas. Ah! minha filha, você e todas as almas fluíram em meus atos. Eu não sabia como fazer qualquer coisa sem minha filha. Foi realmente para os meus filhos que preparei o Reino da Divina Vontade.

Ah! se todas as almas consagradas ao Senhor nos lugares santos deixassem tudo desaparecer na Divina Vontade, quão felizes seriam, e converteriam as comunidades em tantas famílias celestiais, e povoariam a terra com tantas almas santas! Mas, ó minha filha, devo dizer-lhes com a dor de uma Mãe: quantas amarguras, problemas e discórdias não têm? Enquanto que, a santidade não está no ofício que lhes cabe, mas no cumprimento da Vontade Divina em qualquer ofício que lhes seja atribuído. A Divina Vontade é a pacificadora das almas, a força, o apoio nos mais duros sacrifícios.

A Alma:

Santa Mãe, quão belas são suas lições! Como descem docilmente para o meu coração! Peço-lhe que estenda o mar do Fiat Divino em mim e faça com que me cerque, para que sua filha não veja ou conheça nada além da Vontade Divina, de modo que, atravessando sempre nEssa, possa conhecer seus segredos, as suas alegrias, a sua felicidade.

Pequena flor:

Hoje, para me honrar, você me fará doze atos de amor, para homenagear os doze anos que vivi no Templo, orando para que eu possa admiti-la em união com meus atos.

Jaculatória:

Mãe Rainha, feche-me no sagrado Templo da Vontade de Deus.

DIA DEZESSEIS:

A Rainha do Céu no Reino da Divina Vontade continua a sua vida no Templo e forma o Novo Dia para fazer despontar o resplandecente Sol do Verbo Divino sobre a terra.

A alma para sua Mãe Celestial:

Minha Doce Mãe, sinto que a Senhora roubou meu coração; e corro para minha Mãe, que tem o meu coração no seu, como sinal do meu amor, e no lugar do meu coração, deseja colocar a Divina Vontade como penhor de seu amor de Mãe. Portanto, venho em seus braços, para que, como sua filha, prepare-me, dê-me suas lições e faça o que quiser comigo. Portanto, peço que nunca deixe sua filha sozinha, mas mantenha-me sempre, sempre junto da Senhora.

Lição da Rainha do Céu:

Minha querida filha, oh! como desejo mantê-la sempre junto comigo! Gostaria de ser sua palpitação, sua respiração, as obras das suas mãos, o passo dos seus pés, para fazê-la sentir, por meio de mim, como a Divina Vontade operava em mim. Gostaria de derramar em você Essa Vida! Oh! como é doce, amável, encantadora e fascinante! Como ficaria duplamente feliz se estivesse, minha filha, sob o comando total do Fiat Divino, que formou toda a minha fortuna, a minha felicidade, a minha glória.

Agora, preste atenção em mim e ouça sua Mãe, que quer compartilhar sua fortuna com você.

Continuei a minha vida no Templo, mas o Céu não estava fechado para mim. Eu podia ir lá quantas vezes queria. Eu tinha passagem livre para ascender e descer. No Céu, tinha minha Família Divina, e ansiava e suspirava por permanecer com Eles. A própria Divindade, esperavam-me com tanto amor, para conversar comigo, para Se alegrar e me tornar mais feliz, mais bela, mais querida aos seus olhos. Além disso, não me criaram para me manter à distância, não, não. Eles queriam estimar-me como filha. Queriam me ouvir, ouvir como minhas palavras, animadas pelo Fiat, tinham a Potência de realizar a paz entre Deus e as criaturas. Adoravam ser conquistados pela pequena filha e ouvi-la repetir: "*Desça, desça o Verbo sobre a terra!*"

Posso dizer que a própria Divindade me chamava, e eu corria, voava para o meio Deles. Minha presença, nunca havendo feito a vontade humana, retribuía-Lhes o amor e a glória, pela grande obra de toda a Criação, e, por isso, me confiaram o segredo da história do gênero humano; e eu rezei e rezei para que a paz ocorresse entre Deus e o homem.

Agora, minha filha, você deve saber que foi só a vontade humana que fechou o Céu; e, portanto, não lhe era dado de penetrar nessas Regiões Celestiais, nem ter trocas familiares com o Criador. Em vez disso, a vontade humana lançou a criatura longe d'Esse que a criou. Como o homem se subtraiu à Divina Vontade, tornou-se temerário, tímido e perdeu o domínio sobre si mesmo e sobre toda a criação. Todos os elementos, porque dominados pelo Fiat, permaneceram superiores a ele e podiam fazer-lhe mal. O homem tinha medo de tudo, e lhe parece pouco, minha filha, que aquele que foi criado rei, governante de tudo, foi tão longe a ponto de ter medo d'Aquele que o criou? Isso é estranho, minha filha, e direi, quase contra a natureza, que um filho tenha medo de seu Pai; enquanto o natural é que, quando se gera, gere-se junto amor e confiança entre pai e filho; e isso pode ser chamado de herança primitiva do filho, e o primeiro direito do pai. Assim, Adão, ao fazer a sua vontade, perdeu a herança de seu Pai; perdeu o seu Reino; e se tornou o objeto de riso de todas as coisas criadas.

Minha filha, ouça a sua Mãe e considere com atenção o grande mal da vontade humana. Ela tira os olhos da alma e a torna cega de tal maneira que tudo é escuridão e medo para a pobre criatura. Portanto, coloque sua mão sobre seu coração e jure à sua Mãe que prefere morrer, do que fazer sua própria vontade. Eu, ao não fazer nunca minha vontade, não tinha medo do meu Criador; e como poderia ter medo se Ele me amava tanto? Seu Reino se estendia tanto em mim que, com os meus atos, eu ia formando o dia pleno para fazer surgir o novo Sol do Verbo Eterno sobre a terra. E, como via que o dia estava se formando, aumentava minhas súplicas para obter o desejado dia da paz entre Céu e terra. Agora, amanhã esperarei por você para narrar-lhe outra surpresa da minha vida na terra.

A Alma:

Minha Mãe Soberana, quão doces são suas lições! Oh! como me fazem entender o grande mal da minha vontade humana! Quantas vezes também sentia em mim medo, timidez e distância do meu Criador. Foi minha vontade humana que reinou em mim, não a Divina! Portanto, sentia seus tristes efeitos. E assim, se me ama como sua filha, pegue meu coração em suas mãos e coloque fora de mim o medo e a timidez que me impedem o voo para o meu Criador; e, em seu lugar, coloque aquele Fiat, que a Senhora tanto ama e quer que reine na minha alma.

Pequena flor:

Hoje, para me honrar, colocará nas minhas mãos tudo o que sentir de perturbações, de medo e de desconfiança, para que eu o converta em Vontade de Deus, dizendo-me três vezes: "Minha Mãe, faça a Divina Vontade reinar em minha alma."

Jaculatória:

Minha Mãe, Minha Confiança, forme o dia da Vontade Divina em minha alma.

DIA DEZESSETE:

A Rainha do Céu no Reino da Divina Vontade deixa o Templo. Esponsal com São José. Espelho divino ao qual invoca todos os chamados por Deus ao estado conjugal para se espelharem.

A alma para sua Mãe Celestial:

Santa Mãe, hoje, mais do que nunca, sinto a necessidade de ser mantida firmemente nos braços da minha Mãe, para que o Querer Divino, que reina na Senhora, possa formar o doce encanto na minha vontade, a fim de mantê-la enterrada e que não se atreva a fazer nada que não seja Vontade de Deus. A sua lição de ontem me fez entender a prisão em que a humana vontade lança a pobre criatura; e eu temo tanto que essa humana vontade se escape e tome de novo seu lugar em mim. Portanto, confio-me à minha Mãe para que me vigie; e eu possa estar segura de viver sempre de Vontade Divina.

Lição da Rainha do Céu:

Vamos, minha filha; tenha coragem e confiança na sua Mãe e faça um firme propósito de nunca dar vida à sua vontade. Oh! como anseio ouvir de seus lábios: *"Minha Mãe, minha vontade está terminada, e o Fiat Divino tem seu pleno domínio em mim"*. Estas são as armas que dão morte contínua à sua vontade e ganham o Coração de sua Mãe, para que possa usar todas as artes amorosas de Mãe, a fim de que sua filha viva no Reino de sua Mãe. Para você, será uma doce morte que lhe dará vida verdadeira, e para mim será a mais bela vitória que terei no Reino da Divina Vontade. Portanto, tenha coragem e confiança em mim. A falta de confiança é do covarde e daqueles que não são verdadeiramente decididos na obtenção da vitória e, portanto, estão sempre sem armas; e sem armas não se pode vencer; e se é sempre intermitente e vacilante em fazer o bem.

Agora, minha filha, ouça-me: continuava minha vida no Templo e fazia minhas pequenas visitas lá em minha pátria celestial. Tinha meus direitos de filha, de fazer minhas visitas à minha Família Divina, que mais do que um Pai me pertencia. Mas qual não foi minha surpresa quando, em uma dessas minhas visitas, as Pessoas Divinas me fizeram entender que era a Vontade dEles que eu saísse do Templo, primeiro me unindo com laços de casamento, de acordo com o costume existente daqueles tempos, com um homem santo chamado José, e me retirasse com ele para viver na casa de Nazaré.

Minha filha, neste passo da minha vida, parecia, aparentemente, que Deus queria me colocar à prova. Nunca amei ninguém no mundo; e uma vez que a Vontade Divina teve sua extensão em todo meu ser, minha vontade humana nunca teve um ato de vida. Portanto, em mim faltava a semente do amor humano. Como eu poderia amar um homem, por um grande santo que ele pudesse ser, na ordem humana? É verdade que amava todos; e o amor para com todos era tanto que meu amor de Mãe os trazia escritos, um por um, no meu Coração, com caracteres indeléveis de fogo; mas tudo estava na ordem divina. Portanto, o amor humano, em comparação com o divino, pode ser chamado sombra, nuance, átomos de amor.

No entanto, querida filha, o que parecia ser uma prova e algo estranho para a santidade da minha vida, Deus fez um uso admirável para cumprir seus desígnios e conceder-me a graça que ansiava tanto, isto é, que o Verbo descesse sobre a terra. Deus me dava a salvaguarda, a defesa, a ajuda para que ninguém pudesse falar a meu respeito, sobre minha honestidade. São José devia ser o cooperador, o guardião, que devia se interessar pelo pouco que há de necessidade humana e ser a sombra da paternidade celeste em que nossa pequena e celeste família devia ser formada sobre a terra.

E, apesar da minha surpresa, eu subitamente disse: "Fiat!", sabendo que a Divina Vontade não me teria feito mal nem prejudicaria minha santidade. Oh! se quisesse fazer um ato de minha vontade humana, mesmo sob o aspecto de não querer conhecer homem, teria colocado em ruína os planos da vinda do Verbo sobre a terra! Portanto, não é a diversidade de estados de cada um que compromete a santidade, mas a falta da Divina Vontade e a falta de cumprimento dos próprios deveres a que Deus chama cada criatura. Todos os estados são santos, inclusive o matrimônio, desde que dentro esteja a Vontade Divina e o sacrifício exato de seus próprios deveres. Mas a maior parte é indolente e preguiçosa e não só não se torna santa, como faz do estado de cada um, para alguns purgatório e para outros inferno.

E assim, como eu sabia que devia deixar o Templo, não disse uma palavra a ninguém, esperando que o próprio Deus movesse as circunstâncias externas para me fazer cumprir sua Vontade adorável, como de fato aconteceu. Os superiores do Templo me chamaram e me disseram que era vontade deles, e de acordo com o costume daqueles tempos, que eu devia preparar-me para as núpcias. Aceitei. Milagrosamente, a escolha, entre tantos, caiu sobre São José; e assim, se fez o casamento; e eu deixei o Templo.

Portanto, eu peço a você, filha do meu Coração, que em todas as coisas, esteja no seu coração só a Divina Vontade, se quiser que os desígnios divinos se cumpram.

A Alma:

Rainha Celestial, sua filha se confia à Senhora. Quero marcar seu Coração com minha confiança; e que esta marca em seu Coração materno sempre diga: "Fiat! Fiat! Fiat!".

Pequena flor:

Hoje, para me honrar, virá aos meus joelhos e recitará quinze "Glória ao Pai" para agradecer ao Senhor por todas as graças que Ele me concedeu até os quinze anos da minha vida, e especialmente porque me deu por companhia um homem tão santo como era São José.

Jaculatória:

Poderosa Rainha, dê-me as armas para ir à batalha e faça-me vencer pela Vontade de Deus.

DIA DEZOITO:

A Rainha do Céu no Reino da Divina Vontade na casa de Nazaré. Céu e terra estão para se dar o beijo da paz. A Hora Divina está próxima.

A alma à Rainha Mãe:

Minha Mãe Soberana, estou aqui novamente para seguir seus passos. Seu amor me prende e, como um ímã poderoso, mantém-me fixa e decidida a ouvir as belas lições de minha Mãe. Mas isso não me basta; se me ama como filha, esconde-me dentro do Reino da Divina Vontade, onde viveu e vive, e feche a porta de tal forma que, mesmo que eu desejasse, não possa mais sair. Assim, Mãe e filha farão vida em comum e ambas seremos felizes.

Lição da Rainha do Céu:

Minha querida filha, se você soubesse como gostaria de mantê-la fechada no Reino da Divina Vontade! Cada uma das minhas lições que lhe dou é um portão que formo para impedir que você dê um passo para fora. É uma fortaleza para murar sua vontade a fim de que essa compreenda e ame estar sob o doce domínio do Fiat Supremo. Portanto, esteja atenta e me escute, porque não é outro senão o trabalho que sua Mãe faz para atrair e raptar sua vontade e deixar a Divina Vontade alcançar a vitória sobre você.

Agora, minha querida filha, ouça-me: afastei-me do Templo com a mesma coragem com que entrei, e só para cumprir a Divina Vontade. Fui a Nazaré, e já não encontrei mais meus queridos e santos pais. Só fui acompanhada por São José, e vi nele meu bom Anjo, que Deus me havia dado para ser meu guardião, apesar de ter coros de Anjos que me acompanhavam ao longo do caminho. Todas as coisas criadas se inclinavam para me honrar, e eu, agradecendo-as, dava a cada coisa criada meu beijo e minha saudação de Rainha; e então chegamos a Nazaré.

Você deve saber que São José e eu nos olhamos um para o

outro com reserva e sentimos nossos corações plenos; cada um de nós queria dar a conhecer ao outro que éramos ligados a Deus por um voto de virgindade perpétua. Finalmente, o silêncio se quebrou e nos fizemos conhecer o voto que cada um fizera. Oh! como nos sentimos felizes; e, agradecendo ao Senhor, professamos viver juntos como irmão e irmã! Eu era atentíssima no servir-lhe. Nós nos olhávamos um para o outro com veneração, e a aurora da paz reinava em nosso meio. Oh! se todos se espelhassem em mim, imitando-me! Adaptei-me bem à vida comum; não deixei que nada acontecesse fora dos grandes mares de Graça que eu possuía.

Agora ouça, minha filha: na casa de Nazaré, eu me sentia mais ardente do que nunca, e rezava para que o Verbo Divino descesse sobre a terra. A Divina Vontade, que reinava em mim, não fazia senão investir em todos os meus atos com Luz, com Beleza, com Santidade, com Potência. Sentia que formava em mim o reino da luz, mas a luz que sempre surge; o reino da beleza, da santidade e da Potência que sempre cresce. Assim, todas as qualidades divinas que o Fiat Divino estendeu em mim, por Seu reinado me trouxeram fecundidade. A luz que me invadiu era tanta, e minha própria humanidade tornou-se tão adornada e investida por este Sol do Querer Divino, que não fazia senão produzir flores celestiais. Sentia que o Céu se abaixou para mim e que a terra da minha humanidade se elevava, e Céu e terra se abraçaram e se reconciliaram para se dar o beijo da paz e do amor. E a terra se dispôs a produzir o germe para formar o Justo, o Santo; e o Céu se abriu para deixar o Verbo descer neste germe.

Eu não fazia outra coisa senão descer e subir à minha pátria celestial e lançar-me nos braços paternos do meu Pai Celestial; e dizia a Ele com todo o meu Coração: "*Pai Santo, não posso mais! Sinto-me em chamas, e enquanto ardo, sinto uma força potente em mim que quer vencer-me. Com as correntes do meu amor quero ligá-los para desarmá-los a fim de que* não demore *mais, mas através das asas do meu amor quero transportar o Verbo Divino do Céu para a terra.*" E rezava e chorava, que me escutasse.

A Divindade, conquistada por minhas lágrimas e orações, garantiu-me dizendo: "*Filha, quem lhe pode resistir? Você venceu! A*

Hora Divina está próxima. Volte para a terra e continue seus atos na Potência do meu Querer, e com estes, todos ficarão impressionados e Céu e terra se darão o beijo da paz". Mas, apesar disso, eu ainda não sabia que eu deveria ser a Mãe do Verbo Eterno.

Agora, querida filha, ouça-me e entenda bem o que significa viver de Vontade Divina. Eu, ao viver d'Ela, formei o Céu e o seu Reino Divino na minha alma. Se este Reino não tivesse sido formado em mim, o Verbo nunca poderia descer do Céu para a terra. Se Ele desceu, foi porque Ele desceu no seu Reino, que a Divina Vontade havia formado em mim. Ele encontrou em mim o seu Céu, as suas alegrias divinas. O Verbo nunca teria descido dentro de um reino estranho. Oh! não, não; primeiro Ele queria formar o seu Reino em mim e depois descer n'Ele como vencedor.

Não só isso, mas, por viver sempre da Divina Vontade, eu adquiri por Graça o que em Deus é por natureza: a fecundidade divina, para formar sem a ação do homem, o germe, para gerar através de mim a Humanidade do Verbo Eterno. O que não pode fazer a Divina Vontade operante em uma criatura? Tudo, e todos os bens possíveis e imagináveis. Portanto, considere em seu coração, que tudo seja em você Vontade Divina, se quiser imitar a sua Mãe e me tornar contente e feliz.

A Alma:

Santa Mãe, se quiser, pode; como teve o poder de conquistar Deus para fazê-Lo descer do Céu na terra, então terá o poder de conquistar minha vontade para que ela não tenha mais vida. Espero na Senhora e da Senhora tudo obterei.

Pequena flor:

Hoje, para me honrar, você me fará uma pequena visita na casa de Nazaré; e em homenagem a mim, você me dará todos os seus atos, para uni-los aos meus, para convertê-los em Vontade Divina.

Jaculatória:

Imperatriz Celestial, traga o beijo da Vontade de Deus à minha alma.

DIA DEZENOVE:

**A Rainha do Céu no Reino da Divina Vontade.
As portas do Céu estão abertas. O Sol do Verbo Eterno
torna-se sentinela e envia seu Anjo para anunciar
à Virgem que chegou a Hora de Deus.**

A alma para sua Mãe Celestial:

Santa Mãe, aqui estou novamente nos joelhos de minha Mãe. Eu sou sua filha que deseja o alimento dulcíssimo da sua palavra, a qual me traz o bálsamo para curar as feridas da minha miserável vontade humana. Minha Mãe, fale comigo; desçam as suas palavras poderosas no meu coração e formem uma nova criação, para formar o germe da Divina Vontade em minha alma.

Lição da Soberana Rainha:

Querida filha, esta é a razão pela qual amo tanto que você ouça os mistérios celestes do Fiat Divino, os sinais que pode operar onde Ele reina completamente, e o grande mal de quem se deixa dominar pelo humano querer, para que você ame o primeiro, para deixar que Ele forme Seu Trono em você; e abomine o segundo, para fazer da sua vontade o escabelo do Querer Divino, mantendo-a sacrificada nos pés divinos.

Agora, minha filha, ouça-me: continuei minha vida em Nazaré. O Fiat Divino continuava a ampliar Seu Reino em mim. Utilizou meus atos mais pequenos, mesmo os mais indiferentes, como manter a ordem na pequena casa, acender o fogo, varrer, e todos os deveres desempenhados na família, para me deixar sentir Sua vida palpitante no fogo, na água, no alimento, no ar que eu respirava, em tudo. Envolvendo todos, formou-se sobre meus pequenos atos mares de luz, de graça, de santidade porque, onde o Querer Divino reina, tem a Potência de formar dos pequenos nadas, novos Céus de beleza encantadora, porque Esse, sendo imenso, não sabe fazer pequenas coisas; mas, com sua Potência, valoriza o nada e nEle forma as maiores coisas para surpreender Céu e terra. Tudo é santo, tudo é sagrado, para quem vive de Vontade Divina.

Agora, filha do meu Coração, preste atenção e me escute: vários dias antes do Verbo descer sobre a terra, vi o Céu aberto; e o Sol do Verbo Divino às portas como para olhar sobre quem deveria tomar seu voo, para se tornar Celeste Prisioneiro de uma criatura. Oh! quão lindo era vê-Lo às portas do Céu, como à espreita, a espiar a criatura afortunada que deveria hospedar seu Criador! As Pessoas Divinas da Trindade Sacrossanta olhavam a terra não mais como estranha para Elas, porque havia a pequena Maria, que possuindo a Divina Vontade, havia formado o Reino Divino, onde o Verbo poderia descer seguro, como na sua própria habitação, na qual Ele encontrava o Céu e os tantos sóis dos tantos atos da Vontade Divina feitos na minha alma.

A Divindade (as Pessoas Divinas), transbordando de amor e deixando de lado o manto da Justiça que tinha mantido as criaturas por tantos séculos, cobriram-Se com o manto da misericórdia infinita e decretaram a descida do Verbo. Estavam em ato de soar a Hora do cumprimento. A este som, Céus e terra ficaram maravilhados e todos ficaram atentos, por serem espectadores de um excesso de amor tão grande e de um prodígio tão inédito.

Sua Mãe sentia-se irradiada de amor e, fazendo eco ao Amor do meu Criador, queria formar um único mar de amor para que descesse nesse o Verbo sobre a terra. Minhas orações foram incessantes; e enquanto orava no meu pequeno quarto, veio um Anjo enviado do Céu como mensageiro do grande Rei. Ele se colocou diante de mim e, curvando-se, saudou-me: *"Ave, ó Maria, nossa Rainha, o Fiat Divino a encheu de Graça. Já pronunciou o Fiat que quer descer. Já está logo após mim, mas Ele quer o seu Fiat para formar o cumprimento do Seu Fiat"*.

Em um anúncio tão grande, tão desejado por mim, mas que nunca tinha pensado em ser eu a escolhida, fiquei atônita e hesitei num instante. Mas o Anjo do Senhor disse-me: *"Não tema, nossa Rainha, pois achou graça diante de Deus. A Senhora venceu o seu Criador; portanto, para completar a vitória, pronuncie o seu Fiat"*.

Eu pronunciei o Fiat, e, oh! maravilha! os dois Fiat fundiram-se juntos, e o Verbo Divino desceu em mim. Meu Fiat, valorizado pelo mesmo valor do Fiat Divino, formou do germe da minha humanidade, a minúscula, pequena humanidade que devia encerrar o Verbo. E assim, o grande prodígio da Encarnação se cumpriu.

Ó Potência do Fiat Supremo! Exaltou-me tanto para me tornar potente até eu poder criar em mim aquela humanidade que devia encerrar o Verbo Eterno, que Céus e terra não poderiam conter! Os Céus foram abalados, e toda a Criação ficou alegre; e, exultando de alegria, ressoaram em torno da pequena casa de Nazaré para reverenciar e saudar o Criador que se tornou homem. Em sua linguagem muda, eles disseram: *"Ó prodígio dos prodígios, que só um Deus poderia fazer! A Imensidão tornou-se pequena, a Potência tornou-se impotente, a Alteza inacessível se abaixou até o abismo do ventre de uma Virgem. Ao mesmo tempo, permaneceu Pequeno e Imenso, Potente e Impotente, Forte e Fraco!"*.

Minha querida filha, você não pode compreender o que sua Mãe experimentou no ato da Encarnação do Verbo. Todos estavam atentos a mim e aguardavam meu Fiat, que, poderia dizer, Onipotente.

Agora, querida filha, ouça-me: quanto você deve trazer no coração o fazer e o viver de Vontade Divina! Minha Potência ainda existe: deixe-me pronunciar meu Fiat sobre sua alma. Mas, para fazer isso, eu quero a sua. Sozinho, não se pode fazer o bem verdadeiro, mas entre dois sempre se fazem as maiores obras. Deus mesmo não queria fazer sozinho, mas queria-me junto para formar o grande prodígio da Encarnação; e no meu Fiat e no d'Ele se formou a vida do Homem Deus, reparando assim, o destino do gênero humano. O Céu não estava mais fechado, e todos os bens vieram encerrados entre os dois Fiat. Portanto, pronunciemo-lo juntos: Fiat! Fiat! e no meu amor maternal, encerro em você a vida da Divina Vontade.

Por hora basta! Espero você amanhã, de novo, para narrar à minha filha a continuação da Encarnação.

A Alma:

Bela Mãe, estou impressionada ao ouvir suas lindas lições. Peço que pronuncie seu Fiat sobre mim; e eu pronunciarei o meu, para que seja concebido em mim o Fiat que a Senhora anseia tanto que reine como Vida em mim.

Pequena flor:

Hoje, para me honrar, virá a dar o primeiro beijo a Jesus; e lhe dirá nove vezes que quer fazer Sua Vontade; e repetirei o prodígio de fazer Jesus ser concebido em sua alma.

Jaculatória:

Potente Rainha, pronuncie seu Fiat e gere em mim a Vontade de Deus.

DIA VINTE:

**A Rainha do Céu no Reino da Divina Vontade.
A Virgem era o Céu circundado de estrelas. Neste Céu,
o Sol do Fiat Divino ardia com seus raios refulgentes
e preenchia Céu e terra. Jesus no ventre de sua Mãe.**

A alma para sua Mãe Rainha:

Aqui estou novamente, minha Mãe Celestial. Venho me alegrar com a Senhora; e, curvando-me em seus pés sagrados, a saúdo cheia de Graça e Mãe de Jesus. Oh! não mais encontrarei a minha Mãe sozinha, mas encontrarei junto à Senhora o meu pequeno prisioneiro Jesus. E assim seremos três, não mais dois: a Mãe, Jesus e eu. Que alegria para mim que, se quiser encontrar meu Pequeno Rei Jesus, basta encontrar sua Mãe e a minha! Ó Santa Mãe, na nobreza de Mãe de um Deus que se encontra na Senhora, tenha piedade de sua infeliz e pequena filha e diga por mim a primeira palavra para o pequeno prisioneiro Jesus: que Ele me dê a grande graça de viver de sua Divina Vontade.

Lição da Rainha do Céu, Mãe de Jesus:

Minha querida filha, hoje a espero mais do que nunca. Meu Coração materno está repleto; sinto a necessidade de desabafar meu ardente amor com minha filha: quero dizer-lhe que sou Mãe de Jesus. Minhas alegrias são infinitas; mares de felicidade inundam-me. Posso dizer: sou Mãe de Jesus; a sua criatura, sua serva é Mãe de Jesus; e devo tudo só ao Fiat. Esse me fez cheia de graça e preparou a digna habitação para o meu Criador. Portanto, glória, honra, ação de graça sejam sempre ao Fiat Supremo.

Agora, ouça-me, filha do meu Coração. Assim que se formou com a Potência do Fiat Supremo a pequena humanidade de Jesus no meu seio, o Sol do Verbo Eterno se encarnou nela. Tinha meu Céu, formado pelo Fiat, todo repleto de estrelas mais refulgentes que cintilavam alegrias, bem-aventuranças, harmonias de beleza divina; e o Sol do Verbo Eterno, ardendo com luz inacessível, veio tomar seu lugar dentro desse Céu, escondido em sua pequena humanidade; e não O podendo conter, o centro do Sol estava n'Essa, mas a sua luz extravasava fora, e envolvendo Céu e terra alcançou todos os corações. Com sua rajada de luz, tocava em todas as criaturas; e com vozes de luz penetrante, dizia-lhes: *"Meus filhos, abram-se a mim, deem-me um lugar nos seus corações. Desci do Céu para a terra para formar minha vida em cada um de vocês. Minha Mãe é o centro onde moro, e todos os meus filhos serão a circunferência onde quero formar tantas vidas minhas para o quanto de filhos que existam."*

E a luz batia e rebatia sem cessar; e a pequena humanidade de Jesus gemeu, chorou, sofreu agonia. De dentro da luz que alcançou os corações, soltou suas lágrimas, seus gemidos e seus espasmos de amor e de tristeza.

Agora, você deve saber que sua Mãe começou uma nova vida. Eu era ciente de tudo o que meu Filho fazia. Eu O via consumido por mares de chamas de amor. Cada uma de suas palpitações, respirações e dores eram mares de amor que Ele enviava e com o qual envolvia todas as criaturas, para torná-las suas, à força de amor e sofrimento.

Você deve saber que, conforme sua pequena humanidade foi concebida, Ele concebeu todas as dores que deveria sofrer, até o último dia de sua vida. Ele encerrou em si todas as almas, porque, como Deus, ninguém poderia fugir dEle. Sua Imensidade envolveu todas as criaturas; sua Onisciência fez tudo presença para Ele. Portanto, meu Jesus, meu Filho, sentia o peso e o fardo de todos os pecados de toda criatura. E eu, sua Mãe, seguia-O em tudo e sentia em meu Coração maternal a nova geração das dores de meu Jesus e a nova geração de todas as almas que, como Mãe, devia gerar junto com Jesus, à Graça, à Luz e à Vida nova que meu querido Filho veio trazer sobre a terra.

Minha filha, você deve saber que, desde o momento em que fui concebida, eu a amei como Mãe; senti-a em meu Coração; ardi de amor por você, mas eu não entendia o porquê. O Fiat Divino me fazia realizar os fatos, mas me mantinha selado o segredo. Então, quando Se encarnou, me revelou o segredo, e entendi a fecundidade da minha maternidade, que não só devia ser Mãe de Jesus, mas Mãe de todos; e esta maternidade devia ser formada sobre a estaca da dor e do amor. Minha filha, quanto a amei e amo!

Agora, escute-me, querida filha, onde se pode chegar, quando o Querer Divino toma a vida operante na criatura, e a vontade humana O deixa agir, sem impedir Seu passo. Este Fiat, que em natureza possui a Virtude geradora, gera todos os bens na criatura: torna-a fecunda, dando-lhe a maternidade sobre todos, sobre todos os bens e sobre Aquele, que a criou. Maternidade se diz e significa verdadeiro amor, amor heroico, amor que se contenta em morrer para dar vida a quem gerou. Se isso não existe, a palavra maternidade é estéril, vazia e se reduz a palavra; mas, com os fatos não existe.

Portanto, minha filha, se quer a geração de todos os bens, deixe que o Fiat coloque em você a vida operante, O qual lhe dará a maternidade e assim você amará todos com amor de Mãe. E eu, sua Mãe, ensinarei a você o modo como fecundar em si mesma esta maternidade toda santa e divina.

A Alma:

Santa Mãe, abandono-me em seus braços. Oh! quero banhar-lhe suas mãos maternas com minhas lágrimas para mover-lhe à compaixão deste estado da minha pobre alma! Se a Senhora me ama como Mãe, guarde-me no seu Coração e seu amor queime minhas misérias, minhas fraquezas; e a Potência do Fiat Divino, que a Senhora possui como Rainha, forme a sua vida operante em mim, de tal maneira que posso dizer: *"Minha Mãe é toda para mim e sou toda para ela"*.

Pequena flor:

Hoje, para me honrar, por três vezes, em nome de todos, você agradecerá ao Senhor que se encarnou e se fez prisioneiro no meu seio, dando-me a grande honra de me eleger como sua Mãe.

Jaculatória:

Mãe de Jesus, seja Mãe para mim e guie-me no caminho da Vontade de Deus.

DIA VINTE E UM:

A Rainha do Céu no Reino da Divina Vontade. Sol que nasce. Pleno meio dia: o Verbo Eterno em nosso meio.

A alma para sua Mãe Rainha:

Doce Mãe, meu pobre coração sente a extrema necessidade de vir aos seus joelhos maternos, para confiar-lhe meus pequenos segredos e confiá-los ao seu Coração materno. Ouça, ó minha Mãe: ao olhar para os grandes prodígios que o Fiat Divino operou na Senhora, sinto que não posso imitá-la, porque sou pequena, fraca e por causa da tremenda luta da minha existência, que me abate e me deixa sem um fio de vida. Minha Mãe, oh! como gostaria de desafogar meu coração no seu para fazê-la sentir as dores que me amargam e o medo que me aterroriza, de não cumprir a Divina Vontade. Tenha piedade de mim, ó Mãe Celestial, tenha piedade! Escondendo-me no seu Coração, perderei a memória dos meus males, para me lembrar apenas de viver de Vontade Divina.

Lição da Rainha do Céu, Mãe de Jesus:

Querida filha, não tema. Confie em sua Mãe, deixe tudo fluir para o meu Coração, e levarei tudo em conta. Cuidarei de você como Mãe; transformarei suas dores em luz e as usarei para estender os limites do Reino da Divina Vontade em sua alma.

Portanto, coloque tudo de lado e me escute. Quero dizer-lhe o que o Pequeno Rei Jesus operou no meu ventre materno, e como sua Mãe não deixou que nem um suspiro do pequeno Jesus passasse despercebido.

E assim, minha filha, a pequena humanidade de Jesus cresceu hipostaticamente unida à Divindade. Meu ventre materno era muito apertado, escuro; não havia um brilho de luz. E eu O vi imóvel no meu ventre materno, envolvido dentro de uma noite profunda. Mas sabe quem formou essa escuridão tão intensa para o bebê Jesus? A vontade humana, na qual o homem voluntariamente se envolveu; e por quantos pecados cometia, tantos abismos de trevas se formavam em torno e dentro dele; de forma que o tornou imóvel para fazer o bem. E meu querido Jesus, para pôr em fuga a escuridão desta noite tão profunda em que o homem se tornou prisioneiro de sua própria vontade sombria, a ponto de perder o movimento de fazer o bem, escolheu a doce prisão de sua Mãe e se ofereceu voluntariamente à imobilidade por nove meses.

Minha filha, se você soubesse como meu Coração materno foi martirizado ao ver o pequeno e imóvel Jesus chorar e suspirar no meu ventre! Sua palpitação ardente batia forte, e, inquieto de amor, fez sentir seu palpitar em cada coração, para pedir, por piedade, as suas almas; porque Ele, por amor a elas, havia voluntariamente trocado a luz com a treva, para que todos pudessem obter a verdadeira luz e se colocassem a salvo.

Minha querida filha, quem poderia lhe dizer o que meu pequeno Jesus sofreu no meu ventre? Dores inauditas e indescritíveis! Era dotado de plena razão: Ele era Deus e homem. Seu amor era tanto, que colocava como que à parte os infinitos mares das alegrias, da felicidade, da luz, e mergulhava sua pequena humanidade nos mares da escuridão, da amargura, da infelicidade e das misérias, que as criaturas Lhe tinham preparado; e o pequeno Jesus colocava tudo sobre seus ombros, como se fossem suas. Minha filha, o amor verdadeiro nunca diz um basta, não olha as dores; e por meio de dores procura por aquele que ama, e se contenta em deixar sua vida para dar vida novamente àquele que ama.

Minha filha, ouça a sua Mãe: vê que grande mal é fazer sua vontade? Não só você prepara a noite para o seu Jesus, como a você mesma; você forma mares de amargura, de infelicidade e misérias, nos quais se torna tão sobrecarregada que não sabe como sair deles. Portanto, esteja atenta; faça-me feliz, dizendo-me: *"Quero sempre fazer a Divina Vontade."*

Agora ouça, minha filha: o pequeno Jesus, agonizante de amor, estava no ato de dar o passo para sair à luz do dia. Suas angústias, seus anseios ardentes e desejos de querer abraçar a criatura, de fazer-se ver, e de olhá-la para tomá-la a si, não lhe dava descanso.

E, como um dia, colocou-Se atento às portas do Céu, para vir e encerrar-Se no meu ventre, assim estava em ato de colocar-Se à espreita, às portas do meu ventre, que é mais do que o Céu; e o Sol do Verbo Eterno surge em meio ao mundo e se forma o seu pleno meio-dia. Assim, para as pobres criaturas, não haverá mais noite, nem amanhecer, nem madrugada, mas sempre Sol, mais que na plenitude do meio-dia.

Sua Mãe sentia que não podia mais contê-Lo dentro de si. Mares de luz e de amor me inundavam, e, como dentro de um mar de luz, eu O concebi, assim, dentro de um mar de luz Ele saiu do meu ventre materno. Querida filha, para aqueles que vivem da Vontade Divina, tudo é luz e tudo se converte em luz.

E assim, nesta luz, eu, arrebatada, esperei para apertar meu pequeno Jesus em meus braços. Quando Ele saiu do meu ventre, ouvi seus primeiros gemidos amorosos. O Anjo do Senhor o entregou em meus braços; apertei-O com tanta força ao meu Coração e dei-Lhe o meu primeiro beijo; e o pequeno Jesus me deu o Dele.

Suficiente por hoje; amanhã espero por você novamente, para lhe contar mais sobre o nascimento de Jesus.

A Alma:

Santa Mãe, oh! como é afortunada! É a verdadeira bem-aventurada entre todas as mulheres! Oh! peço, pelas alegrias que a Senhora sentiu ao apertar Jesus no seu peito, e quando Lhe deu seu primeiro beijo, dê-me o pequeno Jesus para segurar em meus braços, para que eu possa dar-Lhe a alegria de dizer-Lhe, que juro amá-Lo sempre, e que não quero saber de nada além da sua Divina Vontade.

Pequena flor:

Hoje, para me honrar, virá para beijar os pezinhos do Menino Jesus, e Lhe dará sua vontade em sua pequena mão, para fazê-Lo alegrar-se e sorrir.

Jaculatória:

Minha Mãe, coloque o pequeno Jesus em meu coração, para que transforme tudo de mim em Vontade de Deus.

DIA VINTE E DOIS:

A Rainha do Céu no Reino da Divina Vontade. O Pequeno Rei Jesus nasceu. Os Anjos O apontaram e chamaram os pastores para adorá-Lo. Céu e terra exultam, e o Sol do Verbo Eterno, seguindo o seu percurso, dissipa a noite do pecado e inicia o pleno dia da Graça. A vida em Belém.

A alma para sua Mãe Celestial:

Hoje, Santa Mãe, sinto um ardor de amor; não posso prosseguir, se não venho aos seus joelhos maternos para encontrar o pequeno bebê celestial em seus braços. A beleza d'Ele me extasia; Seus olhos me ferem; Seus lábios assumem a expressão de gemidos e se debruçam de soluços; e move meu coração para O amar. Minha querida Mãe, sei que me ama; e, portanto, peço-lhe que me dê um pequeno lugar nos seus braços, para que possa dar-Lhe o meu primeiro beijo, derramar o meu coração no Pequeno Rei Jesus e confiar-Lhe os meus íntimos segredos, que me oprimem tanto; e, fazendo-O sorrir, digo-Lhe: "*A minha vontade é sua e a sua é minha, e, portanto, forme em mim o Reino do seu Fiat Divino.*".

Lição da Rainha do Céu para sua filha:

Minha querida filha, oh! como eu anseio por tê-la em meus braços, ter o grande contentamento de poder dizer ao nosso Pequeno Rei bebê: "*Não chore, meu querido, veja, aqui conosco está minha pequena filha que quer reconhecê-Lo como Rei e dar-Lhe o domínio em sua alma, para que estenda nela o Reino de sua Divina Vontade*".

Agora, filha do meu Coração, enquanto se contenta em observar o pequeno Menino Jesus, preste atenção em mim e me escute: deve saber que era meia-noite, quando o Pequeno Rei recém-nascido surgiu do meu ventre materno. Mas a noite mudou em dia. Aquele que era Dono da luz lançou fora a noite da vontade humana, a noite do pecado, a noite de todos os males e, pelo sinal do que fazia em direção às almas com seu Fiat Onipotente, a meia-noite foi transformada no dia mais resplandecente. Todas as coisas criadas correram para cantar ao Criador, naquela pequena Humanidade. O sol correu para dar seus primeiros beijos de luz ao pequeno bebê Jesus e aquecê-Lo com o seu calor; o vento imperante com seus redemoinhos purificou o ar daquele estábulo, e com seu doce gemido dizia-Lhe: "Eu O amo"; os Céus foram abalados até os seus fundamentos; a terra exultava e tremia até nas suas entranhas; o mar tornou-se tumultuado com as ondas mais altas.

Enfim, todas as coisas criadas reconheceram que o Criador já estava no meio deles; e todos competiram em cantar para Ele. Os próprios Anjos, formando luz no ar, com vozes melodiosas, fazendo-se ouvir por todos, disseram: *"Glória a Deus no mais alto dos Céus e paz na terra aos homens de boa vontade! Já nasceu o Pequeno Bebê Celestial na gruta de Belém, envolto em pobres faixas..."*. Então os pastores, porque estavam vigiando, ouviram as vozes angelicais e correram para visitar o Pequeno Rei Divino.

E assim, minha querida filha, continue a me ouvir. Como eu O recebi em meus braços e Lhe dei meu primeiro beijo, senti a necessidade do amor de dar do meu ao meu pequeno bebê; e dando-Lhe o meu peito, dei-Lhe leite abundante, leite que foi formado pelo mesmo Fiat Divino em minha pessoa para alimentar o Pequeno Rei Jesus. Mas quem pode dizer o que senti ao fazer isso, e os mares de Graça, de Amor, de Santidade que meu Filho me deu em troca?

Assim, envolvi-O em faixas pobres, porém limpas, e O coloquei na manjedoura. Esta era a sua Vontade, e eu não podia fazer nada menos do que segui-La. Mas antes de fazer isso, deixei que São José participasse, entregando-O em seus braços; e oh! como se encantou e O apertou ao coração; e o doce e Pequeno Bebê jogou torrentes de graças em sua alma. E assim, juntamente com São José, ajustamos um pouco de feno na manjedoura; e retirando-O de meus braços maternos, colocou-O dentro dela. E sua Mãe, encantada com a beleza do Celeste Menino, passou a maior parte do tempo genuflexa diante d'Ele. Coloquei em movimento todos os meus mares de amor que o Querer Divino formara em mim, para amá-Lo, adorá-Lo e agradecê-Lo.

E o Pequeno Menino Celestial, o que fazia na manjedoura? Um ato contínuo da Vontade de nosso Pai Celestial, que também era sua; e, com gemidos e suspiros, gesticulava, chorava e chamava a todos, dizendo em seus gemidos amorosos: "*Venham todos, meus filhos; por amor a vocês nasci à dor, às lágrimas. Venham todos conhecer o excesso do meu amor! Deem-me um refúgio em seus corações.*" E foi um vai-e-vem de pastores que vieram visitá-Lo, e para todos, dava Seu doce olhar e Seu sorriso de amor, em Suas próprias lágrimas.

Agora, minha filha, uma palavrinha para você: saiba que toda a minha alegria era ter meu querido Jesus em meu colo; mas o Querer Divino me fez entender que eu deveria colocá-Lo na manjedoura à disposição de todos, de modo que quem quisesse poderia acariciá-Lo, beijá-Lo e levá-Lo em seus braços, como se fosse dele. Ele era o Pequeno Rei de todos; portanto, tinham o direito de fazer Deste um doce penhor de amor. E, para cumprir o Querer Supremo, me privei de minhas inocentes alegrias e comecei, com as obras e os sacrifícios, o ofício de Mãe, de dar Jesus a todos.

Minha filha, a Divina Vontade é exigente e quer tudo, até o sacrifício das coisas mais santas e, de acordo com as circunstâncias, o grande sacrifício de privar-se do próprio Jesus. Mas isso é para expandir ainda mais o seu Reino e multiplicar a vida do próprio Jesus, porque quando a criatura por seu amor se priva dEle, é tal e tanto o seu heroísmo e o sacrifício, que tem a virtude de produzir uma nova vida de Jesus, para poder formar uma outra habitação a Jesus. Portanto, querida filha, seja atenta, e sob qualquer pretexto, nunca negue nada à Divina Vontade.

A Alma:

Santa Mãe, os seus lindos ensinamentos me surpreendem; mas, se quiser que os pratique, não me deixe sozinha. E quando me vir a sucumbir sob o enorme peso das privações divinas, aperte-me em seu Coração materno, e sentirei a força para nunca negar nada à Divina Vontade.

Pequena flor:

Hoje, para me honrar, virá três vezes visitar o bebezinho Jesus, beijando suas mãozinhas; e lhe fará cinco atos de amor para honrar as suas lágrimas e para aquietar-lhe o choro.

Jaculatória:

Santa Mãe, derrame as lágrimas de Jesus em meu coração para que Ele possa dispor em mim o triunfo da Vontade de Deus.

DIA VINTE E TRÊS:

**A Rainha do Céu no Reino da Divina Vontade.
Soa a primeira hora de dor. Uma estrela com
voz muda chama os Magos para adorar Jesus.
Um profeta é revelador das dores da Soberana Rainha.**

A alma para sua Rainha Mãe:

Minha Doce Mãe, aqui estou novamente nos seus joelhos. Esta sua filha não pode mais ficar sem a Senhora, minha Mãe. O doce encanto do Pequeno Bebê Celestial, que agora a Senhora segura em seus braços, e genuflexa, adora e ama na manjedoura, extasia-me, percebendo que a sua grande felicidade e a do Pequeno Rei não é outra senão frutos e doces e preciosas promessas desse Fiat, que estende o Seu Reino na Senhora. Ó Mãe, dê-me Sua palavra de que usará sua Potência para formar em mim o Reino da Divina Vontade.

Lição da minha Mãe Celestial:

Minha querida filha, quão satisfeita estou em tê-la ao meu lado para poder ensinar-lhe como o Reino da Divina Vontade pode ser estendido em todas as coisas. Todas as cruzes, dores, humilhações, investidas com a vida do Fiat Divino, são como matéria prima em Suas mãos para alimentar o seu Reino e estendê-Lo sempre mais.

Portanto, preste atenção e ouça a sua Mãe: continuei minha vida na gruta de Belém, com Jesus e o querido São José. Quão felizes fomos! Aquela pequena gruta, com o Celeste Menino que lá estava e a Divina Vontade operante em nós, foi transformada em Paraíso. É verdade que dores e lágrimas não faltavam, mas comparadas aos imensos mares de alegria, de felicidade, de luz, que o Fiat Divino fazia surgir em todos os nossos atos, eram gotinhas lançadas sobre esses mares. E então, a doce e amável presença do meu querido Filho era uma das maiores felicidades.

Agora, querida filha, você deve saber que chegou o oitavo

dia desde que o Bebê Celestial nasceu à luz do dia; e o Fiat Divino soou a hora da dor, mandando-nos circuncidar o encantador Bebê. Foi um corte muito doloroso pelo qual o pequeno Jesus teve que ser submetido. Era a lei da época e todos os primogênitos tinham que passar por esse doloroso corte. Poderia ser chamada de lei do pecado; e o meu Filho era inocente, e a sua lei era a lei do amor, mas, com tudo isso, desde que veio encontrar não o homem rei, mas o homem degradado, para fraternizar-se com ele e elevá-lo, foi necessário se degradar a Si e submeter-se à lei.

Minha filha, São José e eu sentimos um tremor de dor; mas, impávidos e sem hesitação, chamamos o Ministro e deixamos que Ele fosse circuncidado com esse corte dolorosíssimo. Com a dor amarga, o Bebê Jesus chorou e se atirou nos meus braços, pedindo-me ajuda. São José e eu misturamos nossas lágrimas com as d'Ele. O primeiro sangue de Jesus derramado por amor das criaturas foi recolhido. Foi-Lhe dado o Nome de Jesus, Nome poderoso que faz tremer Céu e terra e o próprio inferno; Nome que deve ser o bálsamo, a defesa, a ajuda de cada coração.

Agora, minha filha, esse corte era a imagem do corte cruel que o homem havia feito em sua alma ao fazer sua própria vontade, e meu querido Filho Se deixava fazer este corte, a fim de curar o severo corte das vontades humanas, curar com seu sangue as feridas de tantos pecados, que o veneno da vontade humana produziu nas criaturas. Como cada ato de vontade humana é um corte que é feito e uma ferida que se abre, o Bebê Celestial, com seu corte doloroso, preparava o remédio para todas as feridas humanas.

Agora, minha filha, outra surpresa: uma nova estrela brilha sob a abóbada dos Céus; e com sua luz vai à procura de adoradores para conduzi-los a reconhecer e adorar o Menino Jesus. Três personagens, cada um distante do outro, ficaram atônitos e, envolvidos de luz sublime, seguiram a estrela que os conduzia à gruta de Belém, aos pés do Menino Jesus. Mas qual não foi a maravilha desses Reis Magos, ao reconhecer naquele Celeste Menino o Rei do Céu e da terra, Aquele que veio amar e salvar a todos? Porque, no ato em que os Magos O adoravam, extasiados por aquela beleza celestial, o Menino recém-nascido fez transparecer, fora da sua pequena Humanidade, a sua Divindade, e a gruta se transformou em Paraíso, tanto assim, que não sabiam mais como separar-se dos pés do Celeste Menino, se Ele mesmo não tivesse retirado novamente a luz de Sua Divindade em sua Humanidade. E eu, exercendo o ofício de Mãe, falei-lhes longamente sobre a descida do Verbo; e os fortaleci na fé, na esperança e na caridade, símbolo dos seus dons oferecidos a Jesus. Cheios de alegria, eles retornaram para suas regiões para serem os primeiros propagadores.

Minha querida filha, não saia do meu lado. Siga-me em todos os lugares. Já faz quarenta dias desde o nascimento do Pequeno Rei Jesus; e o Fiat Divino nos chama ao Templo para realizar a lei da Apresentação do meu Filho. Bem, fomos ao Templo. Foi a primeira vez que saí com meu doce e pequeno bebê. Uma veia de dor se abriu em meu Coração: ir oferecer-Lhe como vítima para a salvação de todos! Quando entramos no Templo, primeiro adoramos a Divina Majestade; depois chamamos o sacerdote e, colocando-O em seus braços, fizemos a oferta do Menino Celestial ao Pai Eterno, oferecendo-O em sacrifício para a salvação de todos.

O sacerdote era Simeão, e quando coloquei o Menino em seus braços, reconheceu que era o Verbo Divino e exultou com imensa alegria. Após a oferta, assumindo o papel de profeta, profetizou todas as minhas dores... Oh! como o Fiat Supremo fez soar extensivamente em meu Coração materno, com som vibrante, a feroz tragédia de todas as dores do meu Filho Menino! Mas o que mais transpassou meu Coração foram as palavras que o santo profeta me disse: "*Este querido Menino será a salvação e a ruína de muitos, e será o alvo de contradições.*"

Se o Querer Divino não me sustentasse, eu teria morrido naquele instante de pura dor. Em vez disso, deu-me Vida e se serviu dela para formar em mim o Reino das dores no Reino de sua própria Vontade. Então, além do direito de Mãe que tinha sobre todos, adquiri o direito de Mãe e Rainha de todas as dores. Ah! sim, com minhas dores adquiri a moeda para pagar as dívidas de meus filhos e também dos filhos ingratos.

Agora, minha filha, deve saber que, na luz da Divina Vontade eu já sabia todas as dores que me diziam respeito, e ainda mais as que o santo profeta me havia dito. Mas, naquele ato solene de oferecer o meu Filho, ao ouvi-lo, senti-me tão trespassada, que meu Coração sangrou e abriu fendas profundas em minha alma.

Agora, ouça a sua Mãe: nas suas dores, nos encontros dolorosos que não lhe faltarão, nunca se abata, mas com amor heroico deixe que o Querer Divino tome o seu lugar real em suas dores, para que você possa convertê-las em riquezas de valor infinito, com o qual você poderá pagar as dívidas de seus irmãos, para resgatá-los da escravidão da vontade humana, a fim de deixá-los ingressar como filhos livres no Reino do Fiat Divino.

A Alma:

Santa Mãe, em seu Coração transpassado, coloco todas as minhas dores; a Senhora sabe como me transpassam o coração. Oh! seja Mãe para mim e derrame no meu coração o bálsamo de suas dores, a fim de que eu tenha a mesma graça, de servir-me de minhas dores, como riqueza para conquistar o Reino da Divina Vontade.

Pequena flor:

Hoje, para me honrar, virá aos meus braços, para que eu possa derramar em você o primeiro sangue, que o Pequeno Menino Celestial derramou, para lhe curar as feridas, que sua vontade humana fez; e fará três atos de amor, para mitigar a agonia da ferida do Pequeno Bebê.

Jaculatória:

Minha Mãe, despeje sua dor na minha alma e converta todas as minhas penas em Vontade de Deus

DIA VINTE E QUATRO:

A Rainha do Céu no Reino da Divina Vontade. Um cruel tirano. O Pequeno Rei Jesus é levado por sua Mãe e São José a uma terra estrangeira, onde vão como pobres exilados. Retorno a Nazaré.

A alma à sua Rainha, investida de dores:

Minha Soberana Mãe, sua pequena filha sente a necessidade de vir a seus joelhos para ter um pouco de companhia. Vejo o seu rosto velado de tristeza e algumas lágrimas escapam e correm de seus olhos. O doce Bebê treme e, soluçando, chora. Santa Mãe, una minhas dores às suas para confortar e acalmar o choro do Bebê Celestial. Mas, ó minha Mãe, não me negue de revelar-me o segredo. O que há de tão lamentável para o meu querido Pequeno Bebê?

Lição da Mãe Rainha:

Minha querida filha, hoje o Coração de sua Mãe está pleno de amor e de dor, tanto que não consigo me impedir de chorar. Você sabe que, na vinda dos Reis Magos, houve rumores em Jerusalém, perguntando sobre o novo Rei. O cruel Herodes, por medo de ser deposto de seu trono, já deu a ordem de matar meu doce Jesus, minha Vida querida, com todos os outros meninos.

Minha filha, que tristeza! Eles querem matar Aquele que veio dar a vida a todos e trazer para o mundo o novo tempo de paz, de felicidade, de graça! Que ingratidão! Que perfídia! Ah! minha filha, onde a cegueira da vontade humana atinge! Pretende se tornar feroz, amarrar as mãos do próprio Criador e se tornar mestre d'Aquele que a criou. Portanto, seja compassiva comigo, minha filha, e busque acalmar o choro do doce Menino. Ele chora pela ingratidão humana; pois, apenas nascido, querem-No morto. Para salvá-Lo, somos obrigados a fugir. Já o querido São José foi informado pelo Anjo de sair rapidamente para uma terra estrangeira. Acompanhe-nos, querida filha, não nos deixe sós; e continuarei a dar-lhe a minha lição sobre os graves males da vontade humana.

Agora, deve saber que, não apenas o homem se retirou da Divina Vontade e rompeu com seu Criador. Tudo na terra tinha sido feito para ele por Deus; tudo era seu; e o homem, ao não fazer o Querer Divino, perdeu todos os direitos; e pode-se dizer que não tinha onde colocar um passo. Então, tornou-se o pobre exilado, o peregrino que não podia possuir um lugar permanente, e isso não só na alma, mas também no corpo. Tudo se tornou mutável para o pobre homem; e se tinha alguma coisa fugaz, era em virtude dos méritos previstos deste Menino celestial. E isso, porque toda a magnificência da criação foi destinada por Deus para dar a quem teria feito a Divina Vontade e vivido em Seu Reino. Todos os outros, se com dificuldade, tomam algo, são verdadeiros ladrõezinhos de seu Criador e com razão; não querem fazer a Divina Vontade; e querem os bens que pertencem a Essa!

Agora, minha filha, saiba quanto eu e este querido Menino amamos você. No primeiro alvorecer de Sua vida, já foi para o exílio numa terra estrangeira, para libertar você do exílio em que a vontade humana a colocou, para lembrá-la de viver não em uma terra estranha, mas em sua pátria, que Deus lhe deu quando você foi criada, que é o Reino do Fiat Supremo. Filha do meu Coração, tenha piedade das lágrimas de sua Mãe e das lágrimas do doce e querido Menino; porque, chorando, pedimos-lhe que nunca mais faça a sua vontade. Nós lhe imploramos, pedimos-lhe: volte para o seio do Querer Divino, que anseia tanto por você!

Agora, querida filha, entre a dor da ingratidão humana e entre as imensas alegrias e felicidade que o Fiat Divino nos dava, e a festa que toda a criação fazia ao doce Menino, a terra tornou-se verde novamente e floresceu sob nossos passos, para dar glórias ao seu Criador. O sol O fixou e cantou-Lhe hinos de louvor e sentiu-se honrado em dar-Lhe a luz e o calor. O vento O acariciava. Os pássaros, quase como nuvens, se abaixavam em torno de nós; e, com seus gorjeios e cantos, faziam as mais lindas canções de ninar para o querido Menino, para aquietar-lhe o choro e reconciliar-lhe o sono. Minha filha, estando em nós o Querer Divino tínhamos o poder sobre tudo.

Em seguida, chegamos ao Egito; e, depois de um longo período de tempo, o Anjo do Senhor notificou São José que deveríamos voltar para a casa de Nazaré, porque o cruel tirano estava morto. E assim, repatriamos para nossa terra natal.

Ora, o Egito simbolizava a vontade humana, terra cheia de ídolos; e em todo lugar que o Menino Jesus passava, derrubava seus ídolos e os escondia no inferno. Quantos ídolos o humano querer possui! Ídolos de vaidade, de autoestima e de paixões que tiranizam a pobre criatura! Portanto, esteja atenta, ouça a sua Mãe. Para nunca deixá-la fazer a sua vontade, eu faria qualquer sacrifício e até mesmo lhe ofereceria a minha vida para lhe dar o grande bem de viver sempre no seio da Divina Vontade.

A Alma:

Querida Mãe, quanto lhe agradeço, por me fazer entender o grande mal do querer humano! Portanto, peço-lhe, pela dor que sofreu no exílio do Egito, que minha alma saia do exílio da minha vontade e me faça repatriar para a querida pátria da Divina Vontade.

Pequena flor:

Hoje, para me honrar, oferecerá suas ações unidas às minhas, em ato de gratidão ao Sagrado Menino, pedindo-Lhe que entre no Egito do seu coração para transformá-lo todo em Vontade de Deus.

Jaculatória:

Minha Mãe, coloque o Pequeno Jesus em meu coração, para que o reordene todo na Vontade Divina.

DIA VINTE E CINCO:

**A Rainha do Céu no Reino da Divina Vontade.
Nazaré, símbolo e realidade do Reino do Fiat Divino.
Vida escondida. A Depositária, fonte e canal perene
dos bens de Jesus.**

A alma para a Rainha Soberana:

Querida Mãe, aqui estou novamente diante de seus joelhos maternos, e a encontro junto com o Menino Jesus; e, acariciando-O, diz-Lhe sua história de amor, e Jesus diz a sua. Oh! quão bonito é encontrar Jesus e sua Mãe falando um para o outro! E tanto é o desabafo de seu amor que se tornam mudos, arrebatados, a Mãe no Filho e o Filho na Mãe. Santa Mãe, não me separe, mas mantenha-me junto, para que, ouvindo aquilo que diz, eu possa aprender a amá-Los e sempre fazer a Santíssima Vontade de Deus.

Lição da Rainha do Céu:

Querida filha, oh! como a esperava, para continuar minha lição sobre o Reino que o Fiat Supremo estendia sempre mais em mim.

Agora, deve saber que a pequena casa de Nazaré era, para sua Mãe, para o querido e doce Jesus e para São José, um paraíso. Meu querido Filho, sendo Verbo Eterno, possuía em Si mesmo, por sua própria virtude, a Divina Vontade; e naquela pequena Humanidade residiam imensos mares de Luz, de Santidade, de Alegrias e de Belezas infinitas. E eu possuía a Divina Vontade por graça do Querer Divino; e, embora não pudesse abraçar a Imensidão, como meu amado Jesus – porque Ele era Deus e Homem, e eu sempre fui sua criatura finita – com tudo isso, o Fiat Divino me encheu tanto, que formou em mim os seus mares de luz, de santidade, de amor, de beleza e de felicidade. E tanta foi a luz, o amor e tudo o que um Querer Divino pode possuir, e que saíam de nós, que São José permanecia eclipsado, inundado e vivia de nossos reflexos.

Querida filha, nesta casa de Nazaré vigorava o Reino da Divina Vontade. Cada pequeno ato nosso, isto é, o trabalho, o acender o fogo, o preparar a comida, eram todos animados do Querer Supremo e formados sobre a solidez da santidade do puro amor. Portanto, do menor ao maior dos nossos atos, surgiam alegrias, felicidade, beatitudes imensas; ficávamos totalmente inundados, a nos sentirmos sob uma chuva forte de novas alegrias e de satisfações indescritíveis.

Minha filha, deve saber que a Divina Vontade possui, por natureza, a fonte das alegrias; e quando reina na criatura, deleita-se de dar em cada ato seu, o ato novo contínuo de suas alegrias e felicidade. Oh! como éramos felizes! Tudo era paz, a maior união; e um se sentia honrado de obedecer ao outro. Mesmo meu querido Filho competia para ser comandado por mim e pelo meu querido São José nos pequenos trabalhos. Oh! quão lindo era vê-Lo no ato em que ajudava seu pai putativo nos trabalhos fabricados, ou ao vê-Lo se alimentar! Mas quantos mares de Graça fazia fluir naqueles atos em benefício das criaturas!

Agora, querida filha, ouça-me: nesta casa de Nazaré, o Reino da Divina Vontade foi formado em sua Mãe e na Humanidade de meu Filho, para fazer disto um dom para a família humana, quando estivessem dispostos a receber o bem deste Reino. E embora meu Filho fosse Rei e eu Rainha, nós éramos Rei e Rainha sem povo. Nosso Reino, embora pudesse envolver todos e dar vida a todos, estava deserto, porque primeiro era necessária a Redenção para preparar e dispor o homem para entrar neste Reino tão santo. Muito mais que, possuído por mim e pelo meu Filho, que pertencíamos à família humana de acordo com a ordem humana, e, em virtude do Fiat Divino e do Verbo Encarnado, à Família Divina, as criaturas receberam o direito de entrar neste Reino; e a Divindade cedeu o direito e deixou as portas abertas para quem quisesse entrar. Portanto, nossa vida oculta de tão longos anos, serviu para preparar o Reino da Divina Vontade para as criaturas. É por isso que quero que saiba o que este Fiat Supremo operou em mim, para que esqueça sua vontade e, dando a mão à sua Mãe, possa conduzi-la nos bens que lhe preparei com tanto amor.

Diga-me, filha do meu Coração, você me contentará e ao seu e meu querido Jesus, que com tanto amor a esperamos neste tão santo

Reino, a viver junto conosco, para viver toda de Vontade Divina?

Minha querida filha, ouça outra característica do amor que meu querido Jesus me deu nesta casa de Nazaré: Ele me fez Depositária de toda a sua Vida. Deus, quando faz uma obra, não a deixa nem interrompida nem no vazio, mas sempre busca uma criatura onde Ele possa depositar e descansar sua obra; de outra forma, passaria o perigo de que Deus expusesse suas obras à inutilidade, o que não pode ser. Portanto, meu querido Filho depositou suas obras, suas palavras, suas dores, tudo em mim. Ele depositou até a respiração em sua Mãe. E quando, retirados na nossa casinha, tomava seu doce discurso e me narrava todos os Evangelhos que Ele deveria pregar em público, os Sacramentos que deveria instituir, tudo me confiava; e, depositando tudo em mim, constituiu-me canal e fonte perene, porque de mim deviam sair a sua Vida e todos os seus bens para o benefício de todas as criaturas. Oh! quão rica e feliz me sentia ao perceber depositar em mim tudo o que meu querido Filho Jesus fazia! O Querer Divino, que reinava em mim, dava-me o espaço para poder tudo receber; e Jesus sentia sua Mãe dar-Lhe a recíproca de amor, de glória da grande obra da Redenção. O que não recebi de Deus, porque nunca fiz minha vontade, mas sempre a Sua? Tudo; até a própria Vida de meu Filho estava à minha disposição; e enquanto permanecia sempre em mim, poderia bilocá-La para dá-La a quem me pedisse com amor.

Agora, minha filha, uma palavrinha a você: se sempre fizer a Divina Vontade e nunca a sua, e viver N'Essa, eu, sua Mãe, farei o depósito de todos os bens do meu Filho em sua alma. Oh! quão afortunada vai se sentir! Terá à sua disposição uma Vida Divina que lhe dará tudo; e eu, como verdadeira Mãe, me colocarei de guarda para que esta vida cresça em você e se forme o Reino da Divina Vontade.

A Alma:

Santa Mãe, em seus braços eu me abandono. Sou uma pequena filha que sente a extrema necessidade de seu cuidado materno. Oh! eu peço que pegue esta minha vontade e feche-a em seu Coração e não me devolva mais. Dessa forma, terei a felicidade de viver sempre de

Vontade Divina. Assim, contentarei a Senhora e o meu querido Jesus.

Pequena flor:

Hoje, para me honrar, fará três pequenas visitas na casa de Nazaré para homenagear a Sagrada Família, recitando três "Pai Nosso", "Ave-Maria" e "Glória", pedindo-nos que a admitamos viver em nosso meio.

Jaculatória:

Jesus, Maria e José, coloquem-me no seu meio para viver no Reino da Vontade de Deus.

DIA VINTE E SEIS:

**A Rainha do Céu no Reino da Divina Vontade.
A hora da dor se aproxima. Separação dolorosa.
Jesus em sua Vida pública e apostólica.**

A alma para sua Mãe Celestial:

Aqui estou novamente, minha Mãe Rainha. Hoje, meu amor de filha me faz correr, para ser espectadora do momento em que meu doce Jesus se separou da Senhora e inicia o caminho para formar sua vida apostólica no meio das criaturas. Santa Mãe, sei o quanto sofre; cada momento de separação de Jesus lhe custará sua vida; e, eu, sua filha, não quero deixá-la sozinha. Quero secar suas lágrimas; e com a minha companhia quero quebrar sua solidão. Enquanto estivermos juntas, continuará me dando suas lindas lições sobre a Divina Vontade.

Lição da Rainha do Céu:

Minha querida filha, sua companhia me será muito agradável porque sentirei em você o primeiro dom que Jesus me deu: dom formado de puro amor, produzido pelo Seu e pelo meu sacrifício, dom que me custará a vida de meu Filho. Agora, preste atenção e ouça-me, minha filha, porque sua Mãe está começando uma vida de dor, de solidão e de longas separações do meu Sumo Bem, Jesus. A vida oculta terminou; e Ele sente a irresistível necessidade do amor de sair em público, de se tornar conhecido e de ir em busca do homem perdido no labirinto de sua vontade, presa de todos os males. O querido São José já morreu. Jesus partiu e fiquei sozinha na pequena casa.

Quando o meu amado Jesus pediu-me permissão para sair – porque Ele nunca fazia nada sem que me contasse antes – senti uma dor repentina em meu Coração; mas sabendo que era a Suprema Vontade, rapidamente disse meu Fiat. Não hesitei um instante; e com o Fiat do meu Filho e o meu, nós nos separamos. Na abertura de nosso amor, Ele me abençoou e me deixou. Acompanhei-O com o olhar enquanto pude; e então, retirando-me, abandonei-me naquele Querer Divino que era a minha vida. Mas, ó Potência do Fiat Divino, este santo Querer nunca me fazia perder de vista meu Filho, nem Ele me perdia; ao contrário, sentia suas palpitações em mim e Jesus sentia as minhas n'Ele.

Querida filha, recebi meu Filho do Querer Divino e o que este Querer dá, não está sujeito nem a acabar nem a suportar separação. Seus dons são permanentes e eternos. Portanto, meu Filho era meu; ninguém poderia tirá-Lo de mim, nem a morte, nem a dor, nem a separação, porque o Querer Divino O havia dado a mim. Assim, a nossa separação era aparente, mas na realidade, fomos fundidos juntos. Além do que, uma só era a Vontade que nos animava. Como podíamos nos separar?

Agora, você deve saber que a luz da Divina Vontade me fazia ver como maldosamente e com quanta ingratidão tratavam meu Filho. O seu passo virou-O para Jerusalém. Sua primeira visita foi ao Templo Sagrado, no qual começou a série de suas pregações. Mas, que dor! Sua Palavra, cheia de vida, portadora da paz, do amor e da ordem, era mal interpretada e mal ouvida, especialmente pelos doutores e sábios daqueles tempos! E quando meu Filho dizia que era o Filho de Deus, o Verbo do Pai, Aquele que veio para salvá-los, levaram tanto a mal que, com seus olhares furiosos, queriam devorá-Lo. Oh! como meu bem amado Jesus sofreu! Sua Palavra criadora rejeitada fazia-O sentir a morte que davam à sua Palavra divina; e eu estava toda atenta, com os olhos voltados a olhar aquele Coração Divino que sangrava; e ofereci-Lhe meu Coração materno para receber Suas próprias feridas, consolá-Lo e dar-lhe apoio no ato que estava para sucumbir. Oh! quantas vezes, depois de terem despedaçado a Sua Palavra, vi-O esquecido por todos, sem que ninguém Lhe oferecesse conforto, sozinho, sozinho, fora dos muros da cidade, ao ar livre, sob a abóbada do Céu estrelado, apoiando-Se contra uma árvore para chorar e rezar pela salvação de todos. E eu, sua Mãe, querida filha, da minha casinha, chorava ao mesmo tempo; e, na luz do Fiat Divino, enviava-Lhe as minhas lágrimas para alívio, os meus castos abraços e os meus beijos para conforto.

Portanto, meu Filho amado, ao ver-se rejeitado pelos grandes, pelos doutores, não parou, nem poderia parar. Seu Amor fluía, pois queria almas. E assim, cercou-se de pobres, de aflitos, de enfermos, de coxos, de cegos, de mudos e daqueles com tantos outros males, dos quais eram oprimidas as pobres criaturas, todos imagens dos tantos males que a vontade humana havia produzido. E meu querido Jesus curava a todos, consolava e instruía todos. De modo que se tornou o amigo, o pai, o médico, o mestre dos pobres.

Minha filha, pode-se dizer que foram os pobres pastores que, por sua visita, receberam-No em seu nascimento; e são os pobres que O seguem nos últimos anos de sua vida aqui na terra, até sua morte. Porque os pobres, os ignorantes, são os mais simples, menos apegados ao próprio juízo, e, portanto, são os mais favorecidos, mais abençoados e os prediletos do meu querido Filho; tanto que escolheu pescadores pobres para serem Apóstolos, como colunas da futura Igreja.

Agora, querida filha, se eu quisesse dizer o quanto meu Filho operou e sofreu, e eu com Ele, nesses três anos de sua vida pública, seria muito extensa. No Fiat nos separamos, eu de meu Filho; e o Fiat me deu a força para fazer o sacrifício. Recomendo que, em tudo o que você puder fazer e sofrer, o Fiat Divino seja o seu ato primeiro e último. Desta forma, você encontrará a força para tudo, mesmo nas dores que lhe custam a vida, se incluir tudo no Fiat Eterno. Portanto, dê sua palavra à sua Mãe, de que sempre se encontrará na Divina Vontade. Assim, também sentirá a inseparabilidade de mim e do nosso Sumo Bem, Jesus.

A Alma:

Doce Mãe, quanto compartilho com a Senhora ao ver que sofreu tanto! Oh! peço-lhe que derrame suas lágrimas e as de Jesus na minha alma para reordená-la e incluí-la no Fiat Divino.

Pequena flor:

Hoje, para me honrar, você me trará todas as suas dores por

companhia na minha solidão; e em cada dor colocará um "Eu Os Amo" para mim e para o seu Jesus, para reparar por aqueles que não querem ouvir os ensinamentos de Jesus.

Jaculatória:

Mãe Divina, a sua palavra, que é a de Jesus, desça no meu coração e forme em mim o Reino da Divina Vontade.

DIA VINTE E SETE:

A Rainha do Céu no Reino da Divina Vontade. A hora da dor soa: a Paixão. A morte de Deus. O choro de toda a natureza.

A alma para sua Mãe dolorosa:

Minha Querida e Dolorosa Mãe, hoje mais do que nunca, sinto a necessidade irresistível de estar perto da Senhora. Não, não me afastarei do seu lado, para ser a espectadora de suas amargas tristezas e peço-lhe, como filha, a graça de depositar em mim, suas dores e as de seu Filho Jesus, e até mesmo sua própria morte, para que a sua morte e as suas dores possam me dar a graça de fazer morrer continuamente a minha vontade e sobre ela ressurgir a vida da Divina Vontade.

Lição da Rainha das Dores:

Querida filha, não me negue sua companhia na minha tão grande amargura. A Divindade já decretou o último dia para o meu Filho aqui na terra. Um apóstolo já O traiu, entregando-O às mãos dos judeus, para fazê-Lo morrer. Já meu querido Filho, dando-Se em excesso de amor e não querendo deixar os seus filhos, por quem, com tanto amor, veio a procurar sobre a terra, deixa-Se no Sacramento da Eucaristia, para que quem O desejar possa possuí-Lo. Assim, a vida de meu Filho está para terminar; e Ele está para voar à Pátria Celeste.

Querida filha, o Fiat Divino deu-O para mim; e eu, no Fiat Divino, O recebi. Agora, no mesmo Fiat, faço a entrega d'Ele.

Meu Coração está despedaçado. Vários mares de dores me inundam. Sinto a minha vida desmaiando pela agonia atroz. Mas não poderia negar nada ao Fiat Divino; em vez disso, sentia-me disposta a sacrificá-Lo no Querer Divino e Onipotente; e eu sentia tal força em virtude d'Esse, que me contentava em morrer, em vez de negar qualquer coisa à Divina Vontade.

Agora, minha filha, ouça-me: meu Coração maternal foi afogado em dores. Só o pensamento de que meu Filho, meu Deus, minha Vida, devia morrer é mais do que morte para sua Mãe; e ainda, sei que devo viver. Que agonia! Que fendas profundas foram encontradas em meu Coração, como se os cortes das espadas passassem através de mim!

No entanto, minha filha, dói-me dizer; mas devo dizer-lhe: nessas dores e brechas profundas, e nas dores do meu Filho amado, estava a sua alma, sua vontade humana, que não se deixando dominar pela de Deus, nós a cobrimos com dores, nós a embalsamamos e a fortificamos com o nosso sofrimento, de modo que se dispusesse a receber a Vida da Divina Vontade.

Ah! se o Fiat Divino não me tivesse sustentado e não houvesse continuado seu curso, de infinitos mares de luz, de alegria, de felicidade ao longo dos mares de minhas amargas tristezas, eu teria morrido tantas vezes, por tantas dores que meu querido Filho sofreu! Oh! como eu agonizava quando, pela última vez, Ele me deixou vê-Lo pálido, com uma tristeza semelhante à morte em Seu rosto, e com voz trêmula, como se quisesse entrar em soluços, disse-me: *"Mamãe, adeus! Abençoe seu Filho e me dê a obediência para morrer. O meu e o seu Fiat Divino me fez ser concebido, e o meu e o seu Fiat Divino me deve fazer morrer. Rapidamente, ó querida Mãe, pronuncie seu Fiat e diga-me: Eu O abençoo e Lhe dou a obediência para morrer crucificado! Assim quer o Eterno Querer, assim também quero."*

Minha filha, que dor repentina transpassou meu Coração! No entanto, devo dizer-lhe que em nós não existiam dores forçadas, mas todas voluntárias. E assim, quando nós dois nos abençoamos e nos entregamos um olhar que não sabia como se separar do objeto amado, meu querido Filho, minha doce Vida, partiu; e eu, sua Mãe dolorosa, deixei. Mas o olho da minha alma nunca O perdeu de vista. Segui-O no Horto, em sua tremenda agonia; e, oh! como meu Coração sangrou ao vê-Lo abandonado por todos e até mesmo por seus Apóstolos mais queridos e fiéis!

Minha filha, o abandono de pessoas queridas é uma das maiores dores para um coração humano, na hora tempestuosa da vida, especialmente para o meu Filho, que os amou e os beneficiou tanto, e que estava no ato de dar a vida por aqueles mesmos que já O haviam abandonado na hora extrema de sua vida; pelo contrário, eles fugiram! Que tristeza! Que tristeza! E eu, ao vê-Lo suar sangue, agonizar, agonizava ao mesmo tempo e O apoiava em meus braços maternos. Eu era inseparável do meu Filho; Suas dores se refletiam no meu Coração, liquefeito pela dor e pelo amor; e sentia-as mais do que se fossem minhas. Eu O segui assim a noite toda. Não houve dor nem acusação que Lhe fizeram, que não ressoasse no meu Coração. Mas no início da madrugada, não aguentei mais, e acompanhada pelo discípulo João, pela Madalena e por outras mulheres piedosas, quis segui-Lo passo a passo, de um tribunal para outro, até mesmo corporalmente.

Minha querida filha, eu sentia o banho de golpes que derramaram sobre o corpo nu de meu Filho; ouvi as piadas, o riso satânico e os golpes que fizeram em sua cabeça enquanto O coroavam com espinhos. Eu O vi quando Pilatos O mostrou ao povo, desfigurado e irreconhecível; meus ouvidos ficaram ensurdecidos ao ouvir: *"Crucifica-O, crucifica-O!"* Eu O vi carregar a cruz sobre os ombros, sem fôlego, exausto; e, não podendo suportar isso, acelerei meus passos para dar-Lhe o último abraço e para limpar seu rosto, todo banhado em sangue. Mas, não! Para nós, não houve piedade. Os cruéis soldados puxaram-No com cordas e fizeram-No cair.

Querida filha, que penas dilacerantes não poder socorrer as tantas dores do meu querido Filho! Portanto, cada sofrimento abriu um mar de dores no meu Coração transpassado. Finalmente, segui-O até o Calvário, onde, no meio de dores inauditas e contorções horríveis, foi crucificado e elevado numa cruz. Só então me foi concedido estar no pé da cruz, para receber de seus lábios moribundos, o dom de todos os meus filhos e o direito e o selo da minha maternidade sobre todas as criaturas.

E pouco depois, entre as agonias inauditas, expirou. Toda a natureza se vestiu de luto e chorou a morte de seu Criador. Chorou o sol, escurecendo-se e retirando-se horrorizado da face da terra. Chorou a terra, com um forte tremor, abrindo-se em vários lugares, com tristeza pela morte de seu Criador. Todos choraram: os túmulos com o abrir-se; os mortos ao ressurgir; e mesmo o véu do Templo chorou de tristeza com o rasgar-se. Todos perderam seu brilho e sentiram terror e espanto. Minha filha, sua Mãe estava petrificada de dor, esperando-O em meus braços para enterrá-Lo no túmulo.

Agora, escute-me na minha tristeza intensa: quero falar-lhe com as dores do meu Filho sobre os graves males de sua vontade humana. Olhe para Ele nos meus braços dolorosos. Como é desfigurado! É o verdadeiro retrato dos males que a vontade humana faz para as pobres criaturas. Meu querido Filho queria sofrer muitas dores, para elevar essa vontade caída no fundo de todas as misérias; e cada dor de Jesus, cada uma das minhas dores, chamam-na a ressurgir na Vontade Divina. Tanto foi nosso amor, que para colocar esta vontade humana em segurança, a preenchemos com as nossas dores, até afogá-la e enterrá-la dentro dos mares imensos das minhas dores e daqueles do meu amado Filho.

Portanto, neste dia de dor para sua Mãe Dolorosa, que é tudo por você, dê-me em troca a sua vontade em minhas mãos, para que eu possa enterrá-la nas feridas sangrentas de Jesus, como a mais bela vitória de sua paixão e morte, e como triunfo das minhas mais amargas dores.

A Alma:

Mãe Dolorosa, suas palavras ferem meu coração; e me sinto morrer ao ouvir que foi a minha vontade rebelde que a fez sofrer tanto. Portanto, imploro que a encerre nas chagas de Jesus, para viver das suas aflições e das suas dores mais amargas.

Pequena flor:

Hoje, para me honrar, beijará as chagas de Jesus, fazendo cinco atos de amor, rezando para que minhas dores possam selar sua vontade na abertura de seu Lado Sagrado.

Jaculatória:

As chagas de Jesus e as dores de minha Mãe, deem-me a graça de fazer ressurgir a minha vontade na Vontade de Deus.

DIA VINTE E OITO:

A Rainha do Céu no Reino da Divina Vontade. A mansão dos mortos. A expectativa e vitória sobre a Morte. A Ressurreição.

A alma para sua Mãe Rainha:

Mãe Transpassada, sua pequena filha, sabendo que a Senhora está sozinha sem o seu Bem amado Jesus, quer se estreitar para fazer-lhe companhia em sua mais amarga desolação. Sem Jesus, todas as coisas são transformadas em tristeza para a Senhora. A memória de suas dores agonizantes, o doce som de sua voz, que ainda ressoa em seu ouvido, o olhar encantador de seu querido Jesus, ora doce, ora triste, ora dilatado em lágrimas, mas sempre arrebatando seu Coração materno, por não mais tê-Lo com a Senhora, são espadas que atravessam de ponta a ponta o seu trespassado Coração.

Mãe Desolada, sua querida filha quer dar-lhe conforto, compaixão, por cada dor. Mais que isso, gostaria de ser Jesus para poder-lhe dar todo o amor, todo o conforto, o alívio e a compaixão, que o próprio Jesus lhe teria dado neste estado de amarga desolação. O doce Jesus me deu à Senhora como filha; portanto, coloque-me em seu lugar, no seu Coração materno; e serei toda para minha Mãe. Enxugarei suas lágrimas, e sempre lhe farei companhia.

Lição da Mãe e Rainha desolada:

Querida filha, obrigada pela sua companhia; mas se quiser que sua companhia me seja doce e querida, e portadora de conforto para meu Coração trespassado, quero encontrar em você a Vontade Divina operante, dominante, e que não ceda à sua vontade nem ao menos um sopro de vida. Então, sim, vou trocá-la com o meu Filho Jesus, porque a Sua Vontade, estando em você, n'Essa perceberei Jesus em seu coração; e, oh! como serei feliz de encontrar em você o primeiro fruto de suas dores e da sua morte. Ao encontrar meu amado Jesus na minha filha, minhas penas se transformarão em alegrias e minhas dores em conquistas.

Agora, escute-me, filha de minhas dores. Apenas meu Filho deu seu último suspiro, desceu à mansão dos mortos, como triunfador e portador de glória e de felicidade, naquela prisão onde se encontravam todos os Patriarcas e Profetas, o primeiro pai Adão, o querido São José e os meus santos pais, e todos os que, em virtude dos méritos previstos do futuro Redentor, foram salvos. Eu era inseparável do meu Filho, e nem mesmo a morte poderia tirá-Lo de mim. Portanto, no ardor de minhas dores, eu O segui para a mansão dos mortos e fui a espectadora da festa, da gratidão, que toda essa grande multidão de pessoas deu ao meu Filho, que sofreu tanto e cujo primeiro passo foi em direção a eles, para beatificá-los e trazê-los juntos para a glória celestial. E então, como Ele morre, também começaram as conquistas, a glória, para Jesus e todos aqueles que O amavam.

Isto, querida filha, é símbolo de como, quando a criatura faz morrer a sua vontade, em união com a Vontade Divina, começam as conquistas na ordem divina, a glória e a alegria, mesmo no meio das maiores dores. No entanto, apesar dos olhos da minha alma seguirem o meu Filho, a nunca mais perdê-Lo de vista, nesses três dias que esteve enterrado, senti tanta ansiedade por vê-Lo ressuscitado, que andava repetindo no meu ardor de amor: *"Levante-se, minha glória! Levante-se, minha vida!"* Os meus desejos eram ardentes; os meus anseios inflamavam-se, até me sentir consumida.

Agora, nessas ansiedades, vi que meu querido Filho, acompanhado por essa grande multidão de pessoas, saiu da mansão dos mortos em ato de triunfo e Se colocou no sepulcro. Era a madrugada do terceiro dia; e, como toda a natureza O chorou, assim agora rejubilara; tanto que o Sol antecipou o seu curso para estar presente no ato em que meu Filho ressuscitava. Mas, oh maravilha, antes de ressurgir, fez com que aquela multidão de pessoas visse a sua Santíssima Humanidade sangrenta, ferida e desfigurada, como estava reduzida por amor a eles e a todos. Todos ficaram comovidos e admiraram-No os excessos de amor e o grande sinal da Redenção.

Agora, minha filha, oh! como queria que estivesses presente no ato em que meu Filho ressuscitou! Ele era majestoso; a sua Divindade unida à sua Alma fez surgir mares de luz e de beleza encantadora a preencher Céu e terra. E, como triunfante, fazendo uso de seu poder, ordenou à sua morta Humanidade que recebesse de novo a sua alma e ressurgisse triunfante e gloriosa a vida imortal. Que ato solene! Meu querido Jesus triunfava sobre a morte, dizendo: *"Morte, você não mais será morte, mas vida!"*

Com este ato triunfante, Ele colocava o selo de que era Homem e Deus; e com sua ressurreição, confirmava sua doutrina, os milagres, a vida dos sacramentos e toda a vida da Igreja. E não só, mas dava o triunfo sobre a vontade humana, enfraquecida e quase extinta no bem verdadeiro, a fim de tornar triunfante sobre essa a Vida do Querer Divino, que devia trazer às criaturas a plenitude da Santidade e de todos os bens; e, ao mesmo tempo, lançava nos corpos, em virtude da sua Ressurreição, o germe de ressuscitar à glória imperecível. Minha filha, a Ressurreição de meu Filho encerra tudo e é o ato mais solene que Ele fez por amor às criaturas.

Agora, escute-me, minha filha: quero falar como uma Mãe que ama muito a sua filha. Quero dizer-lhe o que significa fazer a Vontade Divina e viver d'Essa e o exemplo que lhe damos, meu Filho e eu. Nossa vida estava cheia de aflições, pobreza, humilhações, até ver o meu amado Filho morrer de dores; mas, em tudo isso, fluía a Vontade Divina. E essa era a vida das nossas dores, e nós nos sentíamos triunfantes e conquistadores, mudando a própria morte em vida. Tanto que, ao ver o grande bem, voluntariamente nos oferecemos a sofrer, porque, com a Divina Vontade em nós, ninguém poderia impor-se sobre Essa ou sobre nós. O sofrimento estava em nosso poder, e nós o pedíamos como alimento e triunfo da Redenção, para poder trazer todo o bem para o mundo inteiro.

Agora, querida filha, se a sua vida e os seus sofrimentos têm como centro de vida a Divina Vontade, tenha certeza de que o doce Jesus usará você e seus sofrimentos para dar ajuda, luz e graça a todo o universo. Portanto, tenha coragem; a Divina Vontade sabe fazer grandes coisas onde Essa reina e, em todas as circunstâncias, espelhe-se em mim e no seu doce Jesus e siga em frente.

A Alma:

Santa Mãe, se a Senhora me ajudar e me manter defendida sob seu manto, sendo minha Sentinela Celestial, estou certa de que todas as minhas dores serão convertidas em Vontade de Deus; e a seguirei passo a passo, nos caminhos intermináveis do Fiat Supremo. Sei que seu amor encantador de Mãe e sua Potência vencerão a minha vontade, e a manterão em seu poder e me a trocarão pela Divina Vontade. Portanto, minha Mãe, confio-me à Senhora e me abandono em seus braços.

Pequena flor:

Hoje, para me honrar, dirá sete vezes: "Não a minha vontade, mas a Sua Vontade seja feita", oferecendo as minhas dores para me pedir a graça de sempre fazer a Divina Vontade.

Jaculatória:

Minha Mãe, pela Ressurreição de seu Filho, faça-me ressurgir na Vontade de Deus.

DIA VINTE E NOVE:

A Rainha do Céu no Reino da Divina Vontade. A hora do triunfo. Aparições de Jesus. Os fugitivos se reúnem em torno da Virgem como Arca da salvação e perdão. Jesus parte para o Céu.

A alma para sua Mãe Rainha:

Mãe Admirável, aqui estou novamente sobre seus joelhos maternos para me unir com a Senhora na festa e triunfo da Ressurreição de seu querido Jesus. Quão bonita é a sua aparência hoje, toda amável, toda doçura, toda alegria. Parece-me vê-la ressuscitada, junto com Jesus. Ah! ó Santa Mãe, com tanta alegria e triunfo, não se esqueça da sua filha. De fato, encerre na minha alma o germe da Ressurreição de Jesus para que, em virtude dela, eleve-me plenamente na Divina Vontade e viva sempre unida à Senhora e ao meu doce Jesus.

Lição da Rainha do Céu:

Bem-aventurada filha do meu Coração Materno, grande foi minha alegria e meu triunfo na Ressurreição do meu Filho. Senti-me renascida e ressuscitada n'Ele. Todas as minhas dores foram transformadas em alegrias e em mares de graças, de luz, de amor, de perdão pelas criaturas; e prolonguei minha maternidade, com o selo das minhas dores, sobre todos os meus filhos que Jesus me concedeu.

Agora, ouça-me, querida filha: você deve saber que depois da morte do meu Filho, retirei-me no Cenáculo juntamente com o amado João e Madalena. Mas meu Coração ficou transpassado, porque só João estava ao meu lado; e na minha dor dizia: "E os outros Apóstolos, onde estão?"

Mas, como ouviram que Jesus estava morto, tocados por graças especiais, todos, comovidos e chorando, os fugitivos, um por um, se aproximaram de mim, formando uma coroa para mim, e com lágrimas e suspiros pediram meu perdão, por terem abandonado tão vilmente o seu mestre e fugido. Reuni-os maternalmente na arca de refúgio e salvação do meu Coração e assegurei a todos o perdão de meu Filho. Encorajei-os a não temerem. Disse-lhes que seu destino estava em minhas mãos, porque Ele os tinha dado todos como meus filhos; e eu os reconhecia como tais.

Filha abençoada, você saiba que eu estava presente na Ressurreição do meu Filho. Mas, não contei isso a ninguém, esperando que o próprio Jesus se manifestasse, que estava ressuscitado, glorioso e triunfante. A primeira a vê-Lo ressuscitado foi a afortunada Maria Madalena, depois as piedosas mulheres. Todos vieram a mim dizendo que tinham visto Jesus ressuscitado, que o sepulcro estava vazio. Eu escutava todos; e, em ar de triunfo, confirmava todos na fé da Ressurreição. Até à tarde, quase todos os Apóstolos O viram, e todos se sentiam como triunfantes por terem sido Apóstolos de Jesus. Que mudança de cena, querida filha: símbolo de quem primeiro se fez dominar pela vontade humana, que representa os Apóstolos que fogem, que abandonam seu Mestre, e é tanto o temor e o medo que se escondem, e Pedro chegou até a negá-Lo. Oh! se fossem dominados de Vontade Divina, nunca teriam fugido de seu Mestre. Em vez disso, corajosos e como triunfadores, nunca teriam se afastado de seu lado; e se sentiriam honrados em oferecer suas vidas para defendê-Lo.

Agora, querida filha, meu amado Filho Jesus permaneceu sobre a terra por quarenta dias. Muitas vezes Ele apareceu aos Apóstolos e discípulos para confirmá-los na fé e na certeza de sua Ressurreição. E, quando Ele não estava com os Apóstolos, estava junto com sua Mãe no Cenáculo, cercado pelas almas saídas da mansão dos mortos. Mas, quando chegou o fim dos quarenta dias, Jesus amado instruiu os Apóstolos; e deixando sua Mãe como Guia e Mestra, prometeu-nos a descida do Espírito Santo. Abençoando-nos a todos, partiu, realizando o voo de volta aos Céus, juntamente com a grande multidão de pessoas que saiu da mansão dos mortos. Todos os que estavam, e eles eram um grande número, viram-No subir; mas quando alcançou o alto, uma nuvem de luz O tirou da vista deles.

Minha filha, sua Mãe O seguiu no Céu e assistiu a grande festa da Ascensão. Como para mim a Pátria Celestial não era um lugar estranho, então, sem mim, a festa do meu Filho, que subiu ao Céu, não teria sido completa.

Agora, uma palavrinha para você, querida filha: tudo o que ouviu e admirou não foi outro senão o poder do Querer Divino operante em mim e em meu Filho. Por isso, amo tanto inserir a vida da Divina Vontade em você, e vida operante; porque todos A têm; mas, a maior parte A tem sufocada e servindo-se a si mesmos; enquanto que poderia operar prodígios de santidade, de graça e obras dignas de sua Potência, ao invés é forçada pelas criaturas a permanecer com as mãos sobrepostas, sem poder desenvolver a sua Potência. Portanto, esteja atenta e faça com que o Céu da Divina Vontade se estenda em você e com Seu poder opere o que quer e como quer.

A Alma:

Santíssima Mãe, suas belas lições me extasiam, e oh! como desejo e suspiro a Vida operante da Divina Vontade em minha alma! Também quero ser inseparável do meu Jesus e da Senhora, minha Mãe. Mas para ter certeza disso, deve empenhar-se de manter minha vontade encerrada em seu Coração materno; e mesmo que veja que me custasse muito, não me deve dar jamais. Só assim poderei estar segura; de outra forma, serão apenas palavras, mas os atos nunca os farei. Portanto, sua filha se recomenda e tudo espera da Senhora.

Pequena flor:

Hoje, para me honrar, fará três genuflexões, no ato em que meu Filho subiu ao Céu, e rezará a Ele para que a faça ascender na Divina Vontade.

Jaculatória:

Minha Mãe, com seu poder, triunfe na minha alma e me faça permanecer na Vontade de Deus.

DIA TRINTA:

**A Rainha do Céu no Reino da Divina Vontade.
Mestra dos Apóstolos, sede e centro da Igreja nascente,
barca de refúgio. A descida do Espírito Santo.**

A alma à sua Mãe Celestial:

Aqui estou novamente, Soberana do Céu. Eu me sinto tão atraída, que conto os minutos, aguardando o momento em que sua Alteza Suprema me chame para me dar as lindas surpresas de suas lições maternas. Seu amor de Mãe me encanta, e meu coração se alegra em saber que a Senhora me ama. Estou cheia de confiança de que minha Mãe me dará tanto amor e tanta graça para formar o doce encanto à minha vontade humana, de modo que o Querer Divino estenderá seus mares de luz na minha alma e colocará o selo do seu Fiat em todos os meus atos. Ó Santa Mãe, não me deixe mais sozinha e faça que o Espírito Santo desça em mim, para que possa queimar tudo o que em mim não pertence à Divina Vontade.

Lição da Rainha do Céu:

Minha abençoada filha, suas palavras ecoam no meu Coração; e sentindo-me ferida, derramo-me em você com meus mares de graças. Oh! como eles correm para minha filha para dar-lhe a Vida da Divina Vontade. Se for fiel a mim, nunca a deixarei. Estarei sempre com você para lhe dar o alimento da Divina Vontade em cada ato seu, palavra ou palpitação.

Agora, ouça-me, minha filha. Nosso Sumo Bem, Jesus, partiu para o Céu e está diante de seu Pai Celestial para impetrar em favor de seus filhos e irmãos deixados na terra. Ele, da Pátria Celeste, olha para todos; ninguém escapa de Seu olhar. Tanto é o seu amor que deixa sua Mãe ainda na terra para conforto, ajuda e como mestra e companhia de seus e meus filhos.

Agora você deve saber que, quando meu Filho partiu para

o Céu, continuei a estar junto com os Apóstolos no Cenáculo, aguardando o Espírito Santo. Todos estavam perto de mim e nós rezávamos juntos. Eles não faziam nada sem o meu conselho. E quando tomava a palavra para instruí-los e contar-lhes algumas histórias sobre meu Filho, que não conheciam, como, por exemplo, as particularidades de seu nascimento, suas lágrimas infantis, seus traços amorosos, os incidentes que ocorreram no Egito, e tantas maravilhas da vida escondida em Nazaré, oh! quão atentos estavam em me ouvir. Eles ficavam extasiados ao ouvir as muitas surpresas, os tantos ensinamentos que Jesus me deu, que deviam servir para eles, porque meu Filho falou pouco e quase nada de si mesmo com os Apóstolos, reservando-me a tarefa de lhes dar a conhecer o quanto Ele os amou e as particularidades que só sua Mãe conhecia.

Então, minha filha, eu estava no meio dos meus Apóstolos mais que o sol do dia; e era a âncora, o leme, a barca onde encontravam refúgio para estarem seguros e defendidos de todos os perigos. Portanto, posso dizer que fiz nascer a Igreja nos meus joelhos maternos; e meus braços eram a barca em que guiei-a para um porto seguro, e a guia protetora. E assim chegou o tempo para a descida do Espírito Santo no Cenáculo, prometido por meu Filho. Que transformação, minha filha! À medida que foram investidos, adquiriram nova ciência, fortaleza invencível, amor ardente. Uma nova vida fluiu neles, o que os tornou destemidos e corajosos, de modo que seguiram seus caminhos separados em todo o mundo, para divulgar a Redenção e oferecer suas vidas pelo mestre. Fiquei com o amado João e fui obrigada a sair de Jerusalém, porque a tempestade da perseguição havia começado.

Minha querida filha, você deve saber que continuo agora o meu magistério na Igreja: não há nada que não desça de mim; posso dizer: vou até as entranhas pelo amor de meus filhos e os nutro com meu leite materno. Agora, nestes tempos, quero mostrar um amor mais especial, fazendo saber como toda a minha vida se formou no Reino da Divina Vontade. Por isso, eu a chamo aos meus joelhos, entre meus braços maternos, fazendo-lhe de barca, para que possa estar segura de viver no mar da Divina Vontade. Não posso dar-lhe graça maior. Peço-lhe, faça feliz sua Mãe! Venha viver neste Reino tão santo! E quando você vir que sua vontade queira ter qualquer ato de vida, venha refugiar-se na barca segura dos meus braços, dizendo-me: *"Minha Mãe, minha vontade quer me trair e eu lhe a entrego, para que possa colocar em seu lugar a Divina Vontade."*

Oh! quão feliz serei se puder dizer: *"Minha filha é toda minha, porque vive de Vontade Divina."* E farei descer o Espírito Santo em sua alma, para que possa queimar o que é humano em você, e com Seu Sopro refrescante, governe-a e a confirme na Divina Vontade.

A Alma:

Mestra Divina, hoje sua pequena filha sente seu coração repleto, para romper em choro e banhar suas mãos maternas com minhas lágrimas. Um véu de aflição me invade, e temo que não tire proveito de suas tantas instruções e de seu cuidado mais do que maternal. Minha Mãe, ajude-me, fortaleça minha fraqueza, coloque meus medos em fuga; e eu, abandonando-me em seus braços, terei a certeza de viver toda de Divina Vontade.

Pequena flor:

Hoje, para me honrar, você recitará sete "Glória ao Pai" em homenagem ao Espírito Santo, rezando-me para que seus prodígios sejam renovados em toda a Santa Igreja.

Jaculatória:

Mãe Celestial, despeje chamas de fogo no meu coração, para que me consumam e queimem tudo o que não é Vontade de Deus.

DIA TRINTA E UM:

**A Rainha do Céu no Reino da Divina Vontade.
Passagem da terra ao Céu; entrada feliz.
Céu e terra celebram a recém-chegada.**

A alma à Rainha Gloriosa:

Minha querida Mãe Celeste, voltei para os seus braços maternos; e, ao olhá-la, vejo que um doce sorriso se forma sobre seus lábios puríssimos. Sua atitude hoje é toda de festividade. Parece que há algo mais surpreendente que quer me narrar e confiar à sua filha. Santa Mãe, ah! peço que, com suas mãos maternas toque minha mente, esvazie meu coração, para que eu possa entender seus santos ensinamentos e colocá-los em prática.

Lição da Rainha do Céu:

Querida filha, hoje a sua Mãe está em festa, porque quero falar sobre a minha partida da terra para o Céu, dia em que terminei de cumprir a Divina Vontade sobre a terra. Não havia em mim respiração, nem palpitação, nem um passo em que o Fiat Divino não tivesse seu ato completo; e isso me embelezava, me enriquecia, me santificava tanto que os próprios Anjos se encantaram.

Agora, você deve saber que, antes de partir para a Pátria Celeste, eu com o meu amado João voltamos para Jerusalém. Foi a última vez que passei sobre a terra em corpo mortal; e toda a criação, como se tivesse intuído, se prostrava ao meu redor; desde os peixes dos mares que atravessei, até o menor dos passarinhos, queriam ser abençoados por sua Rainha. Abençoei todos e lhes dei o último adeus. E, então, cheguei a Jerusalém; e me retirando dentro de um aposento onde João me trouxe, tranquei-me para não sair mais.

Agora, filha abençoada, você deve saber que comecei a sentir um tal martírio de amor dentro de mim, unido com o ardente desejo de me juntar a meu Filho no Céu, que me consumia, até me sentir enferma de amor; e tive fortes delírios e desmaios de amor. Nunca conheci doença nem menor indisposição, porque para minha natureza, concebida sem pecado e vivida de Vontade Divina, faltava o germe dos males naturais. Se os sofrimentos me cortejaram tanto, foram todos de ordem sobrenatural; e essas dores foram triunfos celestiais e honras para sua Mãe, e me davam o campo para fazer com que minha maternidade não fosse estéril, mas conquistadora de muitos filhos. Veja, portanto, querida filha, o que significa viver de Vontade Divina? É perder os germes dos males naturais, que não produzem honras e triunfos, mas só fraquezas, misérias e derrotas.

Portanto, querida filha, ouça a última palavra de sua Mãe que está a partir para o Céu: não partirei contente se não deixar minha filha em segurança. Antes de partir, quero dar-lhe o meu testamento, deixando-lhe por dote Essa mesma Vontade Divina que sua Mãe possui, e que me agraciou tanto, tornando-me Mãe do Verbo, Senhora e Rainha do Coração de Jesus e Mãe e Rainha de todos.

Ouça, minha filha, é o último dia do mês consagrado a mim. Eu falei, com tanto amor, daquilo que a Divina Vontade operou em mim, do grande bem que Essa sabe fazer e que significa fazer-se dominar por Essa. Eu também falei sobre os graves males da vontade humana. Mas você acredita que tenha sido apenas para lhe dar uma simples narração? Não, não. Sua Mãe, quando fala, quer dar. Eu, no ardor do meu amor, em cada palavra que lhe dizia, ligava sua alma ao Fiat Divino e preparava para você o dote no qual pudesse viver rica, feliz, dotada de força divina.

Agora que estou para partir, aceite o meu testamento. Sua alma seja o papel sobre o qual escrevo, com a caneta de ouro do Querer Divino e com a tinta do meu ardente amor que me consome, o testemunho do dote que lhe dou. Filha bem-aventurada, assegure-me que não fará nunca mais a sua vontade; coloque sua mão sobre o meu Coração materno e jure-me que fechará sua vontade em meu Coração, de modo que não a sentindo, não haja a ocasião de fazê-la; e eu a levarei para o Céu, como triunfo e vitória da minha filha.

Ah! querida filha, ouça a última palavra de sua Mãe, morrendo de puro amor. Receba minha última bênção, como selo da vida da

Divina Vontade, que deixei em você, que formará o seu Céu, o seu sol, o seu mar de amor e de graça. Nestes últimos momentos, sua Mãe Celestial quer incendiá-la de amor, arraigar-se em você, desde que obtenha o intento de ouvir a sua última palavra, ou seja, que preferirá morrer, que fará qualquer sacrifício, ao invés de dar um ato de vida à sua vontade. Diga-o para mim, minha filha! Diga para mim!

A Alma:

Santa Mãe, no calor da minha dor, eu lhe digo, chorando, que se a Senhora vir que esteja a fazer um ato da minha vontade, me faça morrer. Venha a Senhora mesma tomar a minha alma em seus braços e me levar ao Céu; e, com todo o meu coração, prometo, juro que nunca, nunca farei a minha vontade.

A Rainha do Amor:

Filha abençoada, como estou contente! Não sabia decidir como lhe narrar a minha partida para o Céu, se minha filha na terra não estivesse segura, dotada de Vontade Divina. Mas saiba que do Céu não a deixarei; não a deixarei órfã; eu a guiarei em tudo; e da sua menor necessidade à maior, chame-me; e virei imediatamente atendê-la como Mãe.

Agora, querida filha, ouça-me: eu já estava enferma de amor. O Fiat Divino, a fim de consolar os Apóstolos e a mim também, permitiu, quase de maneira prodigiosa, que todos os Apóstolos, exceto um, me fizessem uma coroa no ato que estava para partir ao Céu; todos sentiram uma dor repentina em seus corações; e choraram amargamente. Eu os consolei; a todos recomendei, de modo especial a santa Igreja nascente e transmiti a todos a bênção materna, deixando em seus corações, em virtude dela, a paternidade do amor em relação às almas. Meu querido Filho não fazia outro que ir e vir do Céu; não podia mais ficar sem a sua Mãe. Dando meu último suspiro de puro amor, na interminabilidade do Querer Divino, meu Filho me recebeu em seus braços e me levou ao Céu no meio dos coros de Anjos que cantavam hinos de louvor à sua Rainha. Posso dizer que o Céu se esvaziou para vir a encontrar-me. Todos me festejaram, e ao olhar-me, estavam encantados e todos em coro disseram: *"Quem é Esta que vem do exílio, toda apoiada por seu Senhor? Toda bela, toda santa, com o cetro de Rainha? Tanta é a grandeza dela, que os Céus se abaixaram para recebê-la. Nenhuma outra criatura entrou nessas regiões celestes tão adornada e tão especial, tão potente, que tem a supremacia sobre tudo."*

Agora, minha filha, quer saber quem é Esta para quem todo o Céu louva e ficam extasiados? Sou eu, Aquela que nunca fez sua própria vontade, e o Querer Divino me abundou tanto que estendeu Céus mais belos, sóis mais refulgentes, mares de beleza, de amor, de santidade, com que podia dar luz, amor, santidade a todos; e encerrar dentro do meu Céu tudo e todos. Era a obra da Divina Vontade operante em mim, que tinha operado prodígio tão grande. Era a única criatura que entrava no Céu, que havia formado o seu Reino em minha alma. Agora, toda a Corte Celeste, ao me olhar, ficou maravilhada porque, olhando para mim, acharam-me Céu; olhando para mim novamente, acharam-me sol; e, não podendo afastar o olhar, olhando mais fundo, viram em mim mar; e até encontraram em mim a terra mais clara da minha humanidade, com a mais linda eflorescência; e, encantada, exclamaram: *"Como é bela! Tem tudo centrado nela, nada lhe falta! De todas as obras de seu Criador, é a única obra consumada de toda a criação!"*

Agora, filha abençoada, deve saber que se fez a primeira festa no Céu para a Divina Vontade, que tantos prodígios tinha operado em Sua criatura. Então, na minha entrada no Céu, toda a Corte Celeste celebrou o que o Fiat Divino pôde operar de beleza, de grandeza na criatura. A partir desse momento até agora, esta celebração não foi repetida; e, por isso, sua Mãe ama tanto que a Divina Vontade reine de maneira absoluta nas almas, para dar-Lhe espaço de fazer repetir seus grandes prodígios e suas maravilhosas festas.

A Alma:

Mãe do Amor, Imperatriz Soberana, do Céu onde reina gloriosamente, volte seu olhar compassivo sobre a terra e tenha piedade de mim! Oh! como sinto necessidade da minha querida Mãe! Sinto que me falta a vida sem a Senhora. Tudo é vacilante para mim sem minha Mãe; portanto, não me deixe no meio do caminho, mas continue me guiando, até que todas as coisas se convertam para mim na Vontade de Deus, para que possa formar em mim sua vida e seu Reino.

Pequena flor:

Hoje, para me honrar, recitará três "Glória" à Trindade Sacrossanta, para Lhe agradecer, em meu nome, pela grande glória que me deram, quando fui Assunta ao Céu; e rezará para mim, que eu venha ajudá-la no momento da sua morte.

Jaculatória:

Mãe Celeste, encerre minha vontade em seu Coração e deixe o Sol da Divina Vontade na minha alma.

Oferecimento da humana vontade à Rainha Celestial

Doce Mãe, aqui estou prostrada diante de seu trono. Eu sou sua pequena filha que quer dar-lhe todo meu amor filial; e, como sua filha, quero entrelaçar todas as pequenas flores, as jaculatórias, minhas promessas que fiz tantas vezes neste mês de graças, de não fazer minha vontade; e formando coroa, quero colocá-la em seu colo como prova de amor e ação de graças para minha Mãe.

Mas isso não é suficiente; quero que tome em suas mãos, como um sinal de que aceita minha oferta; e ao toque de seus dedos maternos, converte-a para mim em tantos sóis, pelo menos por tantas vezes quanto procurei fazer a Vontade Divina em meus pequenos atos.

Sim, Rainha Mãe, sua filha quer dar-lhe a homenagem de luz e de sóis mais refulgentes. Sei que a Senhora tem tantos desses sóis, mas não são os sóis de sua filha. Ao invés, quero lhe dar os meus para dizer-lhe que a amo e lhe vincular a me amar. Santa Mãe, a Senhora me sorri e com toda bondade aceita a minha oferta; agradeço-lhe de coração. Mas, quero lhe dizer tantas coisas; quero colocar minhas dores, meus medos, minhas fraquezas e todo o meu ser em seu Coração materno, como o lugar de refúgio para mim. Quero consagrar-lhe minha vontade. Ó minha Mãe, aceite-a; faça dela um triunfo da graça e um campo onde a Divina Vontade estenda Seu Reino! Esta minha vontade consagrada à Senhora nos tornará inseparáveis e nos manterá em relacionamento contínuo. As portas do Céu não serão fechadas para mim porque, tendo consagrado minha vontade à Senhora, então me dará a sua em troca. Senão, ou a Mãe virá estar com sua filha na terra, ou a filha irá viver com a Mãe no Céu. Oh! quão feliz serei!

Ouça, querida Mãe, para tornar a consagração da minha vontade mais solene, chamo a Trindade Sacrossanta, todos os Anjos, todos os Santos; e me declaro, diante de todos, e prometo fazer solene consagração da minha vontade à minha Mãe Celestial.

E agora, Soberana Rainha, para cumprimento, peço-lhe sua santa bênção para mim e para todos. Que a sua bênção seja o orvalho celestial que desça sobre os pecadores e os converta, desça sobre os aflitos e os console, desça sobre o mundo inteiro e o transforme em bem, desça sobre as almas do purgatório e apague o fogo que as queima. A sua bênção materna seja a garantia de salvação para todas as almas.

Amém!

Comentários do editor

As 31 lições foram dadas à Luisa Piccarreta da seguinte maneira:

No ano de 1930, por um período de algumas semanas, Luisa pediria a uma senhora que a ajudasse a fechar a cortina ao redor da cama às quatro horas da manhã de cada dia. Naquela época, a Santíssima Virgem Maria, Mãe e Rainha da Divina Vontade, viria do Céu e se colocaria ao pé da cama de Luisa, dando-lhe as Lições contidas neste livro.

***

Um certo sacerdote que leu essas lições na época percebeu que havia certos episódios na vida da Sagrada Família que não foram abordados nas lições anteriores. Ele perguntou a Luisa o motivo; e ela, por sua vez, perguntou a Nossa Senhora sobre esse assunto. Consequentemente, a Virgem Sagrada deu as seis lições adicionais que estão contidas no Apêndice seguinte.

APÊNDICE

Lição adicional nº 1
(amplia a meditação do dia vinte)

A Rainha do Céu no Reino da Divina Vontade. No ardor de seu amor, Maria, sentindo-se Mãe de Jesus, se encaminha em busca de corações para santificar. Ela visita Santa Isabel. A Santificação de São João Batista.

A alma para sua Mãe Celestial:

Mãe Celestial, sua pobre filha tem extrema necessidade da Senhora! Sendo minha Mãe e a Mãe de Jesus, sinto o direito de estar perto, de me colocar ao seu lado, seguir os seus passos para modelar os meus. Mãe Santa, dê-me a mão e me conduza com a Senhora, para que possa aprender e comportar-me bem nas várias ações de minha vida.

Lição da Rainha do Céu:

Bem-aventurada filha, quão doce é sua companhia para mim! Ao ver que quer me seguir, para me imitar, sinto alívio das chamas do amor que me devoram. Oh! sim, tendo-a perto, poderei ensiná-la a viver de Vontade Divina com maior facilidade. Enquanto me segue, ouça-me:

Assim que me tornei Mãe de Jesus e sua Mãe, meus mares de amor dobraram; e, incapaz de contê-los todos, sentia a necessidade de expandi-los e ser, mesmo à custa de grandes sacrifícios, a primeira portadora de Jesus às criaturas. Mas, o que estou dizendo, sacrifícios? Quando se ama de verdade, os sacrifícios, as dores, são refrigério, são alívios e manifestações do amor que se possui. Ó minha filha, se você não experimenta o bem do sacrifício, se você não sente como esse traz as alegrias mais íntimas, é sinal de que o Amor Divino não preenche toda a sua alma e, portanto, que a Divina Vontade não reina em você como Rainha. Só Essa dá tal força à alma para torná-la invencível e capaz de suportar qualquer dor.

Coloque a mão em seu coração e observe quantos vazios de amor há nele. Reflita: aquela secreta autoestima, que fica incomodada por cada mínima contrariedade; aqueles pequenos apegos que sente a coisas e a pessoas; aquele cansaço ao fazer o bem; aquele aborrecimento causado pelo que não é do seu agrado; equivale a muitos vazios de amor em seu coração, vazios que, iguais a febres, privam-na da força e do desejo de preencher-se de Vontade Divina. Oh! como sentirá também a refrescante e conquistadora virtude nos seus sacrifícios, se preencher esses vazios com amor!

Minha filha, dê-me agora a sua mão e me siga, porque vou continuar a lhe dar minhas lições.

Eu deixei Nazaré, acompanhada por São José, enfrentando uma longa viagem, passando sobre as montanhas, para ir à Judeia para visitar Isabel, que milagrosamente se tornou mãe em uma idade tardia. Vim a ela não apenas para lhe fazer uma visita simples, mas sim porque ardia do desejo de lhe trazer Jesus. A plenitude da Graça, do Amor, da Luz que sentia em mim me empurrava a levar, a multiplicar, a centuplicar a Vida de meu Filho nas criaturas.

Sim, minha filha, o amor de Mãe que tinha para todos os homens, e para você em particular, era tão grande que sentia a extrema necessidade de dar a todos o meu querido Jesus, para que todos pudessem possuí-Lo e amá-Lo. O direito de Mãe, concedido a mim pelo Fiat, me enriqueceu com tanta Potência para multiplicar tantas vezes Jesus quantas eram as criaturas que queriam recebê-Lo. Este era o maior milagre que eu poderia fazer: ter Jesus pronto para dá-Lo a quem o desejasse. Como me sentia feliz!

Quanto gostaria que você também, minha filha, aproximando-se das pessoas e fazendo visitas, fosse sempre portadora de Jesus, capaz de dá-Lo a conhecer e desejosa de fazê-Lo amar.

Depois de vários dias de viagem, finalmente cheguei à Judeia e fui apressadamente para a casa de Isabel. Ela veio até mim em festa. Na saudação que lhe dei, ocorreram fenômenos maravilhosos. Meu pequeno Jesus exultou no meu ventre; e, fixando com os raios de

Sua própria Divindade o pequeno João no seio de sua Mãe, santificou-o, deu-lhe o uso da razão e fez-lhe saber que Ele era o Filho de Deus. João, então, estremeceu tanto de amor e alegria, que Isabel sentiu-se abalada. Atingida também ela pela Luz da Divindade de meu Filho, reconhece que eu me tornara a Mãe de Deus; e, na ênfase de seu amor, tremendo de gratidão, exclamou: *"De onde me vem tanta honra que a Mãe de meu Senhor venha até mim?"*

Não neguei o altíssimo mistério; em vez disso, humildemente o confirmei. Ao exaltar a Deus com o cântico do *Magnificat*, cântico sublime, por meio do qual a Igreja me honra continuamente, anunciei que o Senhor tinha feito grandes coisas em mim, sua serva, e que, por essa razão, todos os povos me chamariam bem-aventurada.

Minha filha, sentia-me consumida pelo desejo de dar um desabafo às chamas do amor que me consumiam e manifestar meu segredo a Isabel, que também desejava o Messias sobre a terra. O segredo é uma necessidade do coração que irresistivelmente se revela a pessoas capazes de se entenderem.

Quem mais poderá dizer-lhe quanto bem minha visita trouxe para Isabel, para João, para toda essa casa? Cada um ficou santificado, cheio de alegria, houve alegrias incomuns, compreendeu-se coisas inéditas; e João, em particular, recebeu todas as graças que lhe eram necessárias para se preparar para ser o Precursor do meu Filho.

Querida filha, a Divina Vontade faz coisas grandes e inauditas, onde Essa reina. Se operei tantos prodígios, era porque Ela tinha seu posto régio em mim. Se você também deixar o Divino Querer reinar em sua alma, também se tornará a portadora de Jesus para as criaturas; também sentirá a necessidade irresistível de dá-Lo a todos!

A Alma:

Santa Mãe, como lhe agradeço por suas belas lições! Sinto que têm tal poder sobre mim, de modo a fazer com que continuamente anseie viver na Divina Vontade. Mas, para obter essa graça, venha, desça junto com Jesus na minha alma; renove para mim a visita que fez a Santa Isabel e os prodígios que realizou para ela. Ah! sim, minha Mãe, traga-me Jesus, santifique-me; com Jesus, saberei fazer a Sua Santíssima Vontade.

Pequena flor:

Para me honrar, você recitará três vezes o *Magnificat* em ação de graças pela visita que fiz a Santa Isabel.

Jaculatória:

Santa Mãe, visite minha alma e prepare nela uma morada digna à Divina Vontade.

Lição adicional nº 2
(amplia a meditação do dia vinte e três)

A Rainha do Céu no Reino da Divina Vontade. A primeira hora da dor soa. Heroísmo em submeter a Criança Divina ao corte cruel da Circuncisão.

A alma para sua Mãe Celestial:

Mãe Divina, seu amor me chama poderosamente para perto da Senhora, porque quer me fazer participar das suas alegrias e das suas dores, para encerrá-las em meu coração como promessa de seu amor e do Menino Jesus, para que eu compreenda quanto me amaram e quanto estou obrigada a imitá-los, tendo o modelo da sua vida, para fazer dela uma cópia perfeita. Santa Mãe, ajude-me para que eu os possa imitar.

Lição da Rainha do Céu:

Querida filha, como anseio por sua companhia, para lhe contar nossa história de amor e de dor! A companhia torna as alegrias mais doces, mais suaves e queridas; e a dor é mitigada e trocada com a doce companhia de quem nos ama.

Agora, deve saber que apenas oito dias passaram do nascimento do Celeste Menino. Tudo era festa e felicidade. A própria Criação, assumindo uma atitude festiva, festejava o Criador Menino. Mas o dever interrompeu nossas alegrias, porque naqueles tempos havia uma lei que dizia que todos os primogênitos tinham que se submeter ao severo corte da Circuncisão. Meu Coração de Mãe sangrava pela dor de ter que sujeitar meu querido Filho, minha Vida, meu próprio Criador a uma dor tão amarga. Ah! como gostaria de ter tomado o lugar d'Ele! Mas o Querer Supremo se impôs no meu amor; e, dando-me o heroísmo, comandou-me a circuncidar o Menino Deus. Minha filha, não pode compreender o quanto me custou; mas o Fiat Divino ganhou; e, obedeci, unida a São José. Com o acordo de ambos, meu querido Filho foi circuncidado. Ao corte doloroso, senti meu Coração rasgar; e chorei. São José chorava, e meu querido bebê soluçava. A dor era tão grande que Ele tremia; e, olhando para mim, procurou ajuda em mim. Que hora de dor e agonia, da parte dos três! Foi tanto que, mais do que o mar, atingia todas as criaturas para trazer-lhes a primeira promessa e a própria Vida de meu Filho para salvá-los.

Agora, filha abençoada, deve saber que esse corte incluía profundos mistérios. Primeiro, foi o selo que imprimia a fraternidade com toda a família humana na pequena Humanidade do Menino Celestial; e o Sangue que Ele derramou foi o primeiro pagamento frente à Justiça Divina para resgatar todo o gênero humano. O querido Bebê era inocente; não era obrigado à lei; mas Ele queria se submeter a si mesmo, primeiro, para dar exemplo, e depois para dar confiança, coragem e dizer a todos: "*Não tenham medo, sou um irmãozinho semelhante a vocês. Amemo-nos, e vou salvar a todos. Eu trarei todos para meu Pai Celestial como meus queridos irmãos.*"

Minha filha, que exemplo lhe dá o Bebê Celestial! Ele, que é o Autor da lei, obedece à lei. Embora nascido apenas oito dias antes, faz dela um dever e se sujeita ao corte cruel da Circuncisão, corte incancelável, como incancelável é a união que veio fazer com a humanidade degradada. Isso significa que a santidade está no próprio dever e na observância das leis e no cumprir a Divina Vontade. A santidade sem deveres não existe. É o dever que coloca a ordem, a harmonia e o selo na santidade.

Além disso, minha filha, deve saber que em Adão, retirando-se da Divina Vontade, após sua curta vida de inocência, sua vontade humana foi mais ferida do que por uma faca mortal; e, através desta ferida, entraram a culpa, as paixões, e perdeu o belo dia da Vontade Divina, e se degradou tanto que dava pena. Meu querido Filho, depois das alegrias de Seu nascimento, queria ser circuncidado para que esta Sua ferida pudesse curar a ferida que Adão infligiu a si mesmo, fazendo sua própria vontade. Com o Seu Sangue, preparou o banho para lavá-lo de todas as suas culpas, para fortalecê-lo e embelezá-lo de modo a torná-lo digno de receber novamente Essa Vontade Divina que rejeitou, que formava a sua santidade e a sua felicidade. Filha, não houve obra ou dor que Ele sofreu, que não procurasse reordenar de novo a Divina Vontade nas criaturas.

Portanto, em todas as circunstâncias, mesmo dolorosas e humilhantes, leve o coração a fazer a Divina Vontade em tudo, porque estas são a matéria prima em que Se esconde para operar na criatura, para fazê-la adquirir a sua Vida praticante na criatura.

Agora, querida filha, em tanta dor surge a alegria mais bonita, de modo a impedir nossas lágrimas. Como Ele foi circuncidado, nós lhe demos o Santíssimo Nome de Jesus, querido pelo Anjo. Ao pronunciar este Santíssimo Nome, a alegria e o contentamento foram tal, de modo a adoçar nossa dor. Muito mais, porque, neste Nome, quem quiser, encontrará o bálsamo em suas dores, a defesa nos perigos, a vitória nas tentações, a mão para evitar cair no pecado, a medicina a todos os seus males. Este Santíssimo Nome de Jesus faz o inferno tremer. Os Anjos o reverenciam. Soa doce para o ouvido do Pai Celestial. Diante de Seu Nome, todos se ajoelham e adoram. Nome poderoso, Nome sagrado, grande Nome; e quem invocá-lo com fé sentirá as maravilhas, o segredo milagroso do poder deste Santíssimo Nome.

Minha filha, eu recomendo que você sempre pronuncie o Nome, Jesus. Quando você vê que sua vontade humana fraca e vacilante hesita em fazer a Divina, o Nome de Jesus a fará ressurgir no Fiat Divino. Se você está oprimida, chame Jesus; se trabalha, chame Jesus; se dorme, chame Jesus; e, se acorda, a primeira palavra seja Jesus. Chame-O sempre; é um Nome que contém oceanos de graças, que Ele dá a quem O chama e O ama.

A Alma para sua Rainha:

Mãe Celestial, quanto devo agradecer pelas tantas e belas lições que me deu. Peço-lhe, escreva-as em meu coração, para que nunca as esqueça; e lhe peço para dar à minha alma o banho de Sangue do Bebê Celestial, para que sejam curadas as feridas da minha vontade humana, para colocar a Divina e, como sentinela, escreva-me sobre cada ferida o Santíssimo Nome de Jesus.

Pequena flor:

Para me honrar hoje, fará cinco atos de amor ao Santíssimo Nome de Jesus; e me compadecerá na dor que sofri na Circuncisão de meu Filho Jesus.

Jaculatória:

Minha Mãe, escreva em meu coração, "JESUS", para que Ele me dê a graça de viver de Vontade Divina.

Lição adicional nº 3
(amplia a meditação do dia vinte e três)

A Rainha do Céu no Reino da Divina Vontade. Uma nova estrela com seu doce cintilar chama os Magos para adorar Jesus. A Epifania.

A alma para sua Mãe Celestial:

Aqui estou novamente, Santa Mãe, nos seus joelhos maternos. O doce Bebê que aperta ao peito, e sua beleza surpreendente, se encadeiam de tal forma que não posso afastar-me da Senhora; mas, hoje, sua aparência é ainda mais bela. Parece-me que a dor da Circuncisão a fez mais bonita. Seu doce olhar olha longe, para ver se pessoas queridas se aproximam, pelo desejo intenso de querer dar a conhecer Jesus. Eu não sairei de seus joelhos, para que possa ouvir suas belas lições, para conhecê-Lo e amá-Lo mais.

Lição da Rainha do Céu:

Querida filha, está certa em dizer que me vê mais bela. Deve saber que, quando vi o meu Filho circuncidado e o Sangue brotar da ferida, adorei esse Sangue, essa ferida, e me tornei duplamente Mãe: Mãe do meu Filho e Mãe do Seu Sangue e de Sua cruel dor. Portanto, adquiri diante da Divindade direito duplo de Maternidade, duplo direito de graças para mim e para todo o gênero humano. É por isso que me vê mais bela.

Minha filha, quão belo é fazer o bem, sofrer em paz por amor d'Esse que nos criou. Isto liga a Divindade à criatura e dá-lhe tanta graça e amor até submergi-la. Este amor e graças não sabem estar ociosos; mas querem correr, entregar-se a todos, para dar a conhecer Aquele que tanto deu. Eis porque senti a necessidade de tornar meu Filho conhecido.

Agora, minha filha abençoada, a Divindade, que não sabe negar nada a quem A ama, fez subir sob o azul do Céu uma nova estrela, mais linda e luminosa, que, com sua luz, vai em busca de adoradores para dizer, com seu mudo cintilar a todo o mundo: *"Aquele que veio para salvá-los, nasceu! Venham adorá-Lo e reconhecê-Lo como seu Salvador!"*

Mas, ó ingratidão humana! De tantos, apenas três personagens deram atenção; e, sem considerar os sacrifícios, partiram para seguir a estrela. Assim como uma estrela os guiou ao longo do caminho, também minhas orações, meu amor, meus suspiros, minhas graças, como tantas estrelas que desciam em seus corações, iluminavam suas mentes e guiavam seu interior de tal maneira, que sentiam que, sem ainda conhecê-Lo, amavam Aquele por quem procuravam, e que desejei dar a conhecer, o Bebê Celestial, O esperado de todos os séculos. E eles aceleraram o passo para chegar e ver Aquele que tanto amavam.

Minha querida filha, meu Coração de Mãe se alegrou pela fidelidade, correspondência e sacrifício desses Reis Magos, por virem a conhecer e adorar meu Filho. Mas não posso lhe esconder uma minha dor secreta: de tantos, apenas três; e na história dos séculos, quantas vezes não se me repete esta dor da ingratidão humana! Meu Filho e eu não fazemos outra coisa senão fazer surgir estrelas, uma mais bonita do que a outra, para chamar alguém a conhecer o Criador, outro à santidade, outro para se levantar do pecado, outro para o heroísmo de um sacrifício. Mas você quer saber quais são essas estrelas? Um encontro doloroso é uma estrela; uma verdade que se conhece é uma estrela; um amor não correspondido pelas outras criaturas é uma estrela; um revés, uma pena, uma desilusão, uma boa ocasião inesperada, são tantas estrelas que produzem luz nas mentes das criaturas e que, acariciando-as, querem fazê-las encontrar o Celeste Menino, ansioso de amor e, enrijecido pelo frio, quer um refúgio em seus corações, para se tornar conhecido e amado. Mas, infelizmente, eu, que O tenho nos meus braços, espero em vão, que as estrelas me tragam as criaturas para colocá-Lo em seus corações; e minha Maternidade fica restrita, dificultada. E enquanto sou a Mãe de Jesus, fico impedida de agir como a Mãe de todos, porque não estão ao meu redor, não procuram Jesus. As estrelas se escondem e eles permanecem na Jerusalém do mundo, sem Jesus. Que dor, minha filha! Que dor! Correspondência, fidelidade e sacrifício são necessários para seguir as estrelas; e, se o Sol da Divina Vontade surgir na alma, quanta atenção não é necessária! De outra forma, permanece no escuro do humano querer.

Agora, minha filha, quando os santos Reis Magos entraram em Jerusalém, perderam a estrela; no entanto, com tudo isso, não cessaram de procurar Jesus. Mas, quando saíram da cidade, a estrela reapareceu e os conduziu, alegres, à Gruta de Belém. Eu os recebi com amor de Mãe; e o querido Menino olhou-os com tanto amor e majestade, fazendo manifestar de sua pequena Humanidade a sua Divindade. Por isso, curvando-se, ajoelharam-se a seus pés, adorando e contemplando aquela celeste Beleza. Eles O reconheceram como Deus verdadeiro e permaneceram encantados, extasiados, a saboreá-Lo, de modo que o Bebê Celestial teve que retirar Sua Divindade em Sua Humanidade; de outra forma, eles permaneceriam lá sem poder se mover de seus pés divinos. Quando saíram do êxtase em que ofereciam o ouro de suas almas, o incenso de sua fé e adoração, a mirra de todo o seu ser e de qualquer sacrifício que tivesse desejado, adicionaram à oferta os presentes externos, símbolo de seus atos internos: ouro, incenso e mirra.

Mas meu amor de Mãe ainda não estava satisfeito; eu queria colocar o doce Bebê em seus braços e, oh! com quanto amor beijaram-No e apertaram-No no peito! Sentiram em si mesmos o Paraíso antecipado. Com isso, meu Filho ligava todas as nações pagãs ao conhecimento do Deus verdadeiro e colocava em comum os bens da Redenção para todos, o retorno da Fé a todos os povos. Ele se constituía Rei dos governantes; e, com as armas do Seu amor, das Suas dores e das Suas lágrimas, governando sobre tudo, reclamava o Reino da Sua Vontade sobre a terra. E eu, sua Mãe, me fiz de primeira Apóstola: instrui-os; contei-lhes a história do meu Filho, seu ardente Amor, recomendei-lhes que O fizessem conhecer a todos; e, tomando o primeiro lugar de Mãe e Rainha de todos os Apóstolos, abençoei-os e os fiz abençoados pelo querido Menino. Felizes, e com lágrimas, partiram para suas regiões. Não os abandonei. Com afeto materno, acompanhei-os; e, para recompensá-los, fazia-os sentir Jesus em seus corações. Como estavam satisfeitos! Você deve saber que me sinto verdadeira Mãe, quando vejo que meu Filho tem o domínio, a posse, e forma sua habitação perene nos corações dos que O procuram e O amam.

Agora, uma palavrinha para você, minha filha: se quiser que lhe seja verdadeira Mãe, deixe-me depositar Jesus no seu coração. Você O fará feliz com seu amor; você O alimentará com o alimento de Sua Vontade porque Ele não toma outro alimento. Você O vestirá com a santidade de suas obras; e virei ao seu coração e crescerá meu querido Filho novamente, junto com você; e realizarei o meu ofício de Mãe para você e para Ele. Assim, sentirei as alegrias puras da minha fecundidade materna. Você deve saber que o que não começa com Jesus, que está dentro do coração, ainda que fossem as mais belas obras externas, nunca pode me agradar, porque estão vazias da Vida do meu querido Filho.

A Alma para sua Mãe Celestial:

Santa Mãe, como devo lhe agradecer por querer depositar o Bebê Celestial no meu coração! Quão feliz eu sou! Peço-lhe que me esconda sob seu manto, para que não veja, a não ser só o Menino, que está no meu coração e formando de todo o meu ser um único ato de amor de Vontade Divina, faça-O crescer até me preencher toda de Jesus e restar de mim apenas o véu que O esconde.

Pequena flor:

Para me honrar hoje, virá três vezes para beijar o Pequeno Celestial; e lhe dará o ouro de sua vontade, o incenso das suas adorações, a mirra de suas dores; e me pedirá que O coloque no seu coração.

Jaculatória:

Mãe Celestial, feche-me no muro da Divina Vontade, para alimentar meu querido Jesus.

Lição adicional nº 4
(amplia a meditação do dia vinte e três)

**A Rainha do Céu no Reino da Divina Vontade.
A Rainha do Céu deixa Belém. O Fiat Divino chama-a para o heroísmo do sacrifício de oferecer o Menino Jesus para a salvação do gênero humano. A Purificação.**

A alma para sua Mãe Celestial:

Santa Mãe, aqui estou perto da Senhora para acompanhá-la ao Templo, onde vai se cumprir o maior dos sacrifícios, isto é, dar a vida do Celeste Menino em favor de cada criatura, para que se sirvam a fim de salvar-se e santificar-se. Mas, que dor! Muitos se servirão para ofendê-Lo e se perderem! Minha Mãe, deposite o pequeno Jesus no meu coração, e eu prometo e juro à Senhora, de O amar para sempre e mantê-Lo como Vida do meu pobre coração.

Lição da Rainha do Céu:

Querida filha, quão realizada estou por tê-la próxima! Meu Coração materno sente a necessidade de desabafar meu amor e confiar-lhe meus segredos. Esteja atenta às minhas lições e me escute. Deve saber que já se passaram quarenta dias desde que nos encontramos nesta Gruta de Belém, a primeira morada de meu Filho aqui na terra. Mas, quantas maravilhas nesta Gruta! O Celeste Menino desceu do Céu à terra num ímpeto de amor; foi concebido e nasceu e sentia a necessidade de revelar esse amor; cada lágrima, gemido e movimento era um desabafo de Amor que fazia. Mesmo o sentir-se enrijecido pelo frio, seus pequenos lábios lívidos e trêmulos, eram todos alívios de amor que fazia; e Ele procurava por Sua Mãe para depositar esse Amor que não podia conter, e eu estava dominada pelo Seu Amor. Por isso, sentia-me ferir continuamente, e sentia o meu querido Pequeno palpitar, respirar e mover-se no meu Coração materno. Eu O ouvia chorar, gemer e soluçar; e ficava inundada das chamas de Seu Amor. A Circuncisão já havia aberto fendas profundas em mim, onde me derramou tanto amor que me sentia Rainha e Mãe do amor. Eu me sentia encantada ao ver que, em cada dor, lágrima e movimento que o meu doce Jesus fazia, buscava e chamava Sua Mãe como um precioso refúgio de Seus atos e de Sua Vida. Quem pode dizer-lhe, minha filha, o que se passou entre mim e o Bebê Celestial nesses quarenta dias? A repetição de Seus atos em conjunto comigo, Suas lágrimas, Suas dores e seu Amor eram como transfundidos juntos; e o que Ele fazia eu fazia.

Agora, ao término dos quarenta dias, o querido Menino, mais do que nunca, mergulhado em Seu Amor, queria obedecer a Lei e se apresentar no Templo para se oferecer pela salvação de cada um. Era a Divina Vontade que nos chamava ao grande sacrifício, e nós prontamente obedecemos. Minha filha, este Fiat Divino, quando encontra a prontidão no fazer o que Ele quer, coloca à disposição da criatura a Sua Força Divina, a Sua Santidade, a Sua Potência Criativa de multiplicar esse ato, esse sacrifício para cada um e para todos. Ele coloca nesse sacrifício a pequena moeda de valor infinito com a qual se pode pagar e satisfazer por todos.

Foi a primeira vez que sua Mãe e São José saímos juntos com o Menino Jesus. Toda a criação reconheceu o seu Criador e sentiram-se honradas em tê-Lo no meio deles e, assumindo uma atitude festiva, nos acompanharam ao longo do caminho. Quando chegamos ao Templo, prostramo-nos e adoramos a Suprema Majestade. Então O colocamos nos braços do sacerdote que era Simeão, o qual O fez oferta ao Pai Eterno, oferecendo-O pela salvação de todos. Enquanto O oferecia, inspirado por Deus, reconheceu o Verbo Divino; e, exultando com imensa alegria, adorou e agradeceu o querido Menino. Após a oferta, assumiu a atitude de Profeta e predisse todas as minhas dores.

Oh! como o Fiat Supremo fez meu Coração materno sentir dolorosamente, com som vibrante, a feroz tragédia de todas as dores que meu Divino Filho sofreria. Cada palavra era um corte de espada que me trespassava. Mas, o que mais transpassou meu Coração foi ouvir que este Celeste Menino devia ser não só a salvação, mas também a ruína de muitos e o alvo das contradições. Que pena! Que dor! Se o Querer Divino não me sustentasse, teria morrido instantaneamente de pura dor. Em vez disso, deu-me vida para começar a formar em mim, o Reino das dores no Reino de sua mesma Divina Vontade. Portanto, com o direito de Mãe que tinha sobre todos, também adquiri o direito de Mãe e Rainha de todas as dores. Ah! sim, com minhas dores, adquiri a moeda para pagar as dívidas de meus filhos e também dos filhos ingratos.

Minha filha, deve saber que pela Luz da Divina Vontade, que reinava em mim, eu já conhecia todas as dores que sofreria, além das que o Santo Profeta me falou. Posso dizer que me profetizou as dores que me viriam da parte externa; mas não falou das dores internas que eram transfixadas em mim, e das dores internas passadas entre mim e meu Filho. No entanto, naquele ato tão solene da oferta do meu Filho, ao ouvi-lo repetir, senti-me tão transpassada, que meu Coração sangrou e novas veias de dores e fendas profundas foram abertas em minha alma.

Agora, ouça a sua Mãe: nas suas dores, nos encontros dolorosos que também não lhe faltam, quando você reconhece que o Querer Divino quer algum sacrifício de si, esteja pronta; não se abata; em vez disso, repita imediatamente o querido e doce Fiat, isto é, *"O que Ele quer, eu quero"*, e, com amor heroico, faça que o Querer Divino tome lugar régio nas suas dores, para que lhe possa convertê-las em moedinha de valor infinito com a qual, assim, poderá pagar suas dívidas, e também as de seus irmãos, para resgatá-los da escravidão da vontade humana e fazê-los entrar, como filhos livres, no Reino do Fiat Divino. Porque deve saber que o Querer Divino fica tão satisfeito com o sacrifício que deseja da criatura, que concede seus direitos divinos e a constitui rainha do sacrifício e do bem que surgirá no meio das criaturas.

A Alma à sua Mãe Celestial:

Santa Mãe, coloco todas as minhas dores no seu Coração transpassado, pois a Senhora sabe como me afligem. Seja minha

Mãe e derrame o bálsamo de suas dores no meu coração, para que eu possa, como a Senhora, fazer uso das minhas dores para agradar Jesus, mantê-Lo defendido e reparado de todas as ofensas, e como meio seguro para conquistar o Reino da Divina Vontade e fazê-Lo vir a reinar sobre a terra.

Pequena flor:

Para me honrar hoje, você virá aos meus braços, para que eu a ofereça, junto com meu Filho, ao Pai Celestial, para obter o Reino da Divina Vontade.

Jaculatória:

Santa Mãe, derrame suas dores na minha alma e converta todas as minhas dores em Vontade de Deus.

Lição adicional nº 5
(amplia a meditação do dia vinte e cinco)

A Rainha do Céu no Reino da Divina Vontade.
Visita ao Templo. Maria, modelo de oração.
A perda de Jesus. Alegrias e sofrimentos.

A alma para sua Mãe Celestial:

Santa Mãe, seu amor materno me chama, com voz sempre mais potente, para perto da Senhora. Já a vejo ocupada, pronta para partir de Nazaré. Minha Mãe, não me deixe. Leve-me com a Senhora, e vou ouvir com atenção as suas outras sublimes lições.

Lição da Rainha do Céu:

Filha amada, a sua companhia e a atenção que mostra ao ouvir minhas lições celestiais a fim de me imitar, são as alegrias mais puras que pode dar ao meu Coração materno. Alegro-me porque posso compartilhar as imensas riquezas da minha herança com você. Voltando um olhar, ora para Jesus e ora para mim, preste-me atenção. Vou contar-lhe um episódio da minha vida que, embora tivesse um resultado de consolo, foi muito amargo para mim. Considere que, se o Querer Divino não me tivesse dado contínuos e novos goles de fortaleza e graça, teria morrido de pura agonia.

Continuamos a viver na casinha tranquila de Nazaré, e meu querido Filho crescia em Graça e em Sabedoria. Era atraente pela doçura e pela suavidade da sua voz, pelo doce encanto de seus olhos, pela amabilidade de toda a sua pessoa. Sim, meu Filho era verdadeiramente belo, extremamente belo!

Apenas tinha completado doze anos quando, de acordo com o costume, se faz a viagem a Jerusalém para a solenidade da Páscoa. Ele, São José e eu partimos. Muitas vezes, enquanto prosseguíamos a viagem com devoção e recolhimento, meu Jesus quebrava o silêncio e nos falava ou de seu Pai Celestial ou do imenso Amor que nutria em Seu Coração pelas almas.

Em Jerusalém, fomos diretamente ao Templo; e, ao chegar, prostramo-nos com a face no chão. Adoramos profundamente a Deus e oramos longamente. Nossa oração era tão fervorosa e recolhida que abria os Céus, atraía e ligava ao Pai Celeste e, portanto, acelerava a reconciliação entre Ele e os homens.

Agora, minha filha, quero confiar-lhe uma dor que me tortura: infelizmente, são tantos que vão na Igreja para rezar, mas a oração que dirigem a Deus para em seus lábios, porque seus corações e mentes fogem longe Dele! Quantos vão na Igreja por puro hábito ou para passar inutilmente o tempo! Estes fecham o Céu em vez de abri-lo. E quão numerosas são as irreverências que são cometidas na Casa de Deus! Quantos flagelos não seriam poupados no mundo e quantos castigos não seriam convertidos em graças, se todas as almas se esforçassem para imitar o nosso exemplo!

Somente a oração que brota de uma alma em que reina a Divina Vontade age de forma irresistível sobre o Coração de Deus. Essa é tão potente para vencê-Lo e para obter Dele as máximas graças. Portanto, cuide-se de viver no Divino Querer; e sua Mãe, que a ama, concederá à sua oração os direitos de sua poderosa intercessão.

Depois de haver cumprido nosso dever no Templo e ter celebrado a Páscoa, preparamo-nos para fazer o retorno a Nazaré. Na confusão da multidão, nos perdemos. Fiquei com as mulheres e José juntou-se aos homens.

Olhei em volta para me certificar de que meu querido Jesus tinha vindo comigo; mas, sem o tê-Lo visto, pensei que permanecia com seu pai José. Qual não foi, ao invés, o espanto e a ansiedade que provei, quando, ao chegar no ponto em que nos reuníamos, não O vi ao seu lado! Ignorando o que aconteceu, sentimos tanto susto e tal dor que ambos ficamos mudos. Aflitos pela dor, retornamos apressadamente, perguntando ansiosamente a todos os que encontrávamos: *"Oh! diga-nos se viu Jesus, nosso Filho, porque não podemos mais viver sem Ele!"*

E chorando, descrevíamos os seus traços: *"Ele é todo amável, os seus belos olhos azuis irradiam luz e falam ao coração; o seu olhar atinge, encanta, acorrenta; a sua fronte é majestosa; o seu semblante é lindo, de uma beleza encantadora; a sua voz dulcíssima desce ao coração e adoça toda a amargura; os seus cabelos, encaracolados e como de ouro finíssimo, torna-o especial, gracioso. Nele tudo é majestade, dignidade, santidade. Ele é o mais belo entre os filhos dos homens!"*

No entanto, apesar de todas as nossas buscas, ninguém sabia nos dizer nada. A dor que eu provava aumentava de tal modo, a me fazer chorar amargamente e de abrir fendas profundas na minha alma em cada instante, o que me causava verdadeiros espasmos de morte.

Querida filha, se Jesus era o meu Filho, Ele também era o meu Deus; portanto, minha dor foi toda em ordem divina, isto é, tão potente e imensa a superar todos os outros tormentos possíveis juntos.

Se o Fiat que eu possuía não tivesse me sustentado continuamente com sua força divina, teria morrido de desgosto.

Vendo que ninguém sabia nos dar notícias, interrogava ansiosamente aos Anjos que me cercavam: *"Mas, digam-me, onde está o meu amado Jesus? Onde devo dirigir meus passos para poder encontrá-Lo? Ah! digam-Lhe que eu não posso mais continuar, tragam-No sobre as suas asas em meus braços! Meus Anjos, tenham piedade de minhas lágrimas, socorram-me, tragam-me Jesus!"*

Enquanto isso, resultava inútil cada procura, e retornamos a Jerusalém. Depois de três dias de suspiros amargos, de lágrimas, de ansiedades e de temores, entramos no Templo. Eu estava com os olhos atentos e procurava em todos os lugares quando, eis, finalmente, como superado pelo júbilo, encontrei meu Filho, que estava no meio dos doutores da lei! Ele falava com tanta sabedoria e majestade de deixar impressionados e surpresos todos os que O ouviam.

Só de vê-Lo, senti-me retornar a vida e, imediatamente, entendi o motivo oculto de Sua perda.

E agora, uma palavrinha para você, querida filha: neste mistério, meu Filho quis dar a mim e a você um ensinamento sublime. Você poderia, talvez, imaginar que Ele ignorasse o que eu sofria? Pelo contrário, porque minhas lágrimas, minhas buscas, minha dor cruel e intensa ecoavam em Seu Coração. No entanto, durante aquelas horas tão dolorosas, Ele sacrificava à sua Divina Vontade a sua própria Mãe, aquela que Ele tanto ama, para demonstrar-me como eu, também, um dia, teria que sacrificar a Sua própria vida ao Querer Supremo.

Nesta dor indescritível, não esqueci você, minha amada. Pensando que essa foi para servir de exemplo, eu a mantive à sua disposição, para que no momento apropriado, tenha força para sacrificar cada coisa à Divina Vontade.

Assim que Jesus acabou de falar, nos aproximamos reverentemente Dele e Lhe demos uma doce repreensão: "*Filho, por que nos fez isso?*" E Ele, com dignidade divina, nos respondeu: "*Por que me procuravam? Não sabiam que vim ao mundo para glorificar o meu Pai?*" Tendo entendido o alto significado de tal resposta e tendo adorado n'Essa o Querer Divino, retornamos a Nazaré.

Filha do meu Coração materno, escute: quando perdi meu Jesus, a dor que sofri foi muito intensa. Além disso, a esta foi adicionada uma segunda, ou seja, a do seu próprio se perder (da minha filha). De fato, prevendo que você iria separar-se da Vontade Divina, senti-me ao mesmo tempo privada do Filho e da filha, e, portanto, minha Maternidade sofreu um duplo golpe.

Minha filha, quando estiver a ponto de fazer a sua vontade em vez da de Deus, considere que, ao abandonar o Fiat Divino, está a perder Jesus e a mim e a precipitar-se no reino das misérias e dos vícios. Portanto, mantenha a palavra que me deu de permanecer indissoluvelmente unida a mim; e lhe concederei a graça de nunca mais deixar-se dominar pela sua vontade, mas exclusivamente pela Divina.

A Alma:

Santa Mãe, tremo pensando nos abismos aos quais minha vontade é capaz de precipitar-me. Por causa disso, posso perder a Senhora, posso perder Jesus e todos os bens celestiais. Mãe, se a Senhora não me ajudar, se não me revestir com a Potência da luz do Querer Divino, sinto que não me é possível viver com constância de Vontade Divina. Portanto, coloco toda a minha esperança na Senhora; eu confio e espero tudo da Senhora. Que assim seja.

Pequena flor:

Recitará três "Ave-Maria" para compadecer da intensa dor que sofri durante os três dias em que fui privada do meu Jesus.

Jaculatória:

Santa Mãe, conceda-me perder para sempre a minha vontade, para viver só no Divino Querer.

Lição adicional nº 6
(amplia a meditação do dia vinte e cinco)

A Rainha do Céu no Reino da Divina Vontade sobre a terra. Rainha das famílias. Rainha dos milagres. Ligação nupcial entre o Fiat e a Criatura. As núpcias de Caná.

A alma para sua Mãe Celestial:

Santa Mãe, aqui estou junto à Senhora e ao doce Jesus, para assistir um novo casamento, para ver os prodígios e compreender o grande mistério, e onde chega seu amor materno por mim e por todos. Minha Mãe, pegue minha mão; coloque-me aos seus joelhos; revista-me com o seu amor; purifique minha inteligência e me diga por que quis assistir a este matrimônio.

Lição da Rainha do Céu:

Minha querida filha, o meu Coração está pleno de amor e senti a necessidade de lhe dizer a causa, a razão pela qual, juntamente com meu Filho Jesus, quis assistir a este casamento das núpcias de Caná. Pensa que fosse por uma cerimônia qualquer? Não, filha, há profundos mistérios! Preste atenção em mim e direi coisas novas: como o meu amor de Mãe se mostrou de maneira incrível e como o amor de meu Filho deu verdadeiros sinais de Paternidade e de Realeza pelas criaturas.

Agora, ouça-me. Meu Filho retornou do deserto e se preparava à vida pública; mas, primeiro queria assistir a este casamento e, portanto, permitiu o convite.

Nós fomos, não para comemorar, mas para operar grandes coisas a favor das gerações humanas. Meu Filho tomou o lugar de Pai e de Rei das famílias, e eu tomei o lugar de Mãe e Rainha. Com a nossa presença, renovamos a santidade, a beleza e a ordem das núpcias formadas por Deus no Éden, isto é, de Adão e Eva, casados pelo Ser Supremo para povoar a Terra e para multiplicar e crescer as futuras gerações. O matrimônio é a substância, onde surge a vida das gerações. Pode ser chamado o tronco, do qual a terra é povoada. Os sacerdotes, os religiosos, são os ramos. Se não fosse pelo tronco, os ramos também não teriam vida. Portanto, com o pecado, retirando-se da Divina Vontade, Adão e Eva fizeram perder a santidade, a beleza, a ordem da família. E eu, sua Mãe, a nova e inocente Eva, juntamente com meu Filho, fomos reordenar aquilo que Deus fez no Éden; e me constituía Rainha das famílias, e impetrava a graça que o Fiat Divino reinasse nelas, que as famílias pertencessem a mim e eu tivesse o lugar de Rainha no meio delas.

Mas não é tudo, minha filha. Nosso Amor ardia, e queríamos dar a conhecer o quanto nós os amávamos e dar-lhes a mais sublime das lições. Eis como: no meio do jantar, o vinho acabou, e o meu Coração de Mãe se sente consumar de amor que quer prestar ajuda; e, sabendo que meu Filho tudo podia, com tons suplicantes, mas certa de que Ele me ouviria, disse-Lhe: *"Meu Filho, os esposos não têm mais vinho."* E Ele me respondeu: *"Minha hora ainda não chegou, de fazer milagres."* E eu, sabendo com certeza que Ele não me negaria o que Sua Mãe Lhe pedia, digo aos que serviam a mesa: *"Façam o que o meu Filho lhes disser e terão o que desejam, e ainda terão mais e o superabundante."*

Minha filha, nessas poucas palavras, eu dava uma lição às criaturas, a mais útil, necessária e sublime. Eu falava com o Coração de Mãe e dizia: *"Meus filhos, vocês querem ser santos? Façam a Vontade de meu Filho, não se afastem daquilo que Ele Lhes diz e terão Sua semelhança, Sua santidade à sua disposição. Querem que todos os seus males cessem? Façam o que meu Filho lhes diz. Querem alguma graça, mesmo que difícil? Façam o que Ele diz e quer. Vocês também querem as coisas necessárias da vida natural? Façam o que o meu Filho diz, porque em Suas palavras, naquilo que Ele lhes diz e quer, tem incluso tal Potência que, quando Ele fala, a sua palavra inclui o que vocês pedem e faz surgir em suas almas as graças que desejam."* Quantos se veem cheios de paixões, fracos, aflitos, infelizes, miseráveis e ainda oram e oram. Mas, como não fazem o que o meu Filho diz, não obtêm nada, e o Céu parece fechado para eles. E é uma dor para a sua Mãe, porque vejo que, enquanto oram, se afastam da fonte onde residem todos os bens, que é a Vontade de meu Filho.

Agora, os servos fizeram precisamente o que meu Filho disse a eles, isto é: "*Encham os vasos com água e levem-nos à mesa.*" Meu querido Jesus abençoou aquela água e converteu-se em vinho requintado. Oh! mil vezes bem-aventurado aquele que faz o que Ele diz e quer! Com isso, meu Filho me dava a maior honra; elegeu-me Rainha dos milagres. Pois queria minha união e oração, ao operar o primeiro milagre. Ele me amava tanto que quis me dar o primeiro lugar de Rainha também nos milagres; e, com fatos dizia, não com palavras: "*Se querem graças, milagres, venham à Minha Mãe; Eu nunca lhe negarei nada do que ela quer.*"

Além disso, minha filha, ao assistir este casamento, olhava para os séculos futuros; e via o Reino da Divina Vontade sobre a terra. Olhava para as famílias e impetrava-lhes que simbolizassem o Amor da Sacrossanta Trindade, para fazer que o seu Reino estivesse em pleno vigor; e, com os meus direitos de Mãe e Rainha, tomava para mim o seu comando e, possuindo a fonte, colocava à disposição das criaturas todas as graças, as ajudas, a santidade que se necessita para viver em um Reino tão santo. E, por isso, repito continuamente: "*Faça o que meu Filho lhe diz*".

Minha filha, ouça-me: não procure outro, se quer tudo em seu poder, e me dê o contentamento de poder fazer de você a minha verdadeira filha e da Divina Vontade. E então tomarei sobre mim o empenho de formar as núpcias entre você e o Fiat; e, fazendo-me de verdadeira Mãe, vincularei as núpcias, dando-lhe por dote a própria Vida do meu Filho e por dom a minha Maternidade e todas as minhas virtudes.

A Alma:

Mãe Celeste, quanto devo agradecê-la pelo grande amor que me traz; e como, em tudo o que faz, tem sempre um pensamento para mim, e me preparado e dado tantas graças, que juntamente comigo, Céu e terra se comovem e extasiam; e todos dizemos à

Senhora: "*Obrigada! Obrigada!*" Santa Mãe, esculpa suas santas palavras em meu coração: "*Faça o que meu Filho lhe diz*", para que gere em mim a Vida da Divina Vontade, que tanto desejo e suspiro; e sele a minha vontade, para que seja sempre submetida à Divina.

Pequena flor:

Em todas as nossas ações, alonguemos nossos ouvidos, para escutar nossa Mãe Celeste, que nos diz: "Façam o que meu Filho lhes diz", para que tudo façamos a fim de cumprir a Divina Vontade.

Jaculatória:

Santa Mãe, venha em minha alma e me faça o milagre de ser possuída da Divina Vontade.